SUHA ARAFAT/GERARD SEBAG

Ich bin eine Tochter Palästinas

Buch

Vor über dreißig Jahren wurde sie in einer wohlhabenden christlichen Familie im besetzten Westjordanland geboren. Sie erlebte eine durch den unaufhörlichen Kampf zwischen zwei Völkern überschattete Kindheit.

Suha Tawil tritt im Mai 1989 auf einer Parisreise des PLO-Führers in das Leben von Jassir Arafat. Vier Jahre später heiratet der Mann die Studentin, der stets beteuert hat, daß er einzig mit der Sache Palästinas verheiratet sei.

Für Suha Arafat wird das Leben als Frau des PLO-Führers nicht leichter – weder durch den Kampf im verborgenen noch durch die Kritiken und Eifersüchteleien. Sie stellt sich damit einer großen Herausforderung: Auf der einen Seite ist sie eine christliche Araberin, auf der anderen Seite Frau eines muslimischen Führers, der zum Vorreiter der friedlichen Koexistenz geworden ist.

Suha Arafat wird sich um die dringenden sozialen Probleme kümmern und die Situation der Frauen zu verbessern suchen. Gleichzeitig trägt sie seit der Geburt ihrer Tochter auch die Verantwortung für die eigene Familie.

Der Koautor

Gérard Sebag ist Journalist und Spezialist für Geschichte und Politik des Nahen Ostens. Für seine Reportagen verfolgte er das Wirken Jassir Arafats seit Gründung der PLO und lernte über seine Kontakte zur Familie Tawil Suha Arafat bereits als Kind kennen.

SUHA ARAFAT

GERARD SEBAG

Ich bin eine Tochter Palästinas

Aus dem Französischen
von Stefan Linster

GOLDMANN

Die Originalausgabe erschien unter dem Titel
»Enfant de Palestine«
bei Michel Lafon, Paris

Deutsche Erstausgabe

Umwelthinweis:
Alle bedruckten Materialien dieses Taschenbuches
sind chlorfrei und umweltschonend.
Das Papier enthält Recycling-Anteile

Der Goldmann Verlag
ist ein Unternehmen der Verlagsgruppe Bertelsmann

Deutsche Erstausgabe Juli 1996

Umschlaggestaltung: Design Team München
Umschlagabbildung: SV Bilderdienst
Satz: Uhl + Massopust, Aalen
Druck: Presse-Druck Augsburg
Verlagsnummer: 12703
Lektorat: Sabine Schubert
Redaktion: Dieter Löbbert
ss · Herstellung: Sebastian Strohmaier
Made in Germany
ISBN 3-442-12703-3

3 5 7 9 10 8 6 4

Vorwort

Das schrille Pfeifen der Granaten zerriß ohrenbetäubend die Luft, im Lärm hämmernder Zylinderkolben und kreischender Antriebsräder pflügten die Ketten der Panzer den Sand auf. Mit zusammengepreßten und ausgetrockneten Lippen spähten die Fahrer dieser Panzer angestrengt in die Ferne, weit hinter die Dünen, ihre geschwärzten, schweißbedeckten Gesichter von den rußig-fetten Abgasen der Fahrzeuge umweht. Wie unbesiegbare römische Legionen rückten sie vor. Sie brandeten den Suezkanal entlang. Dort waren die Schützengräben verlassen, eine ganze Armee hatte Hals über Kopf die Flucht ergriffen. Juni 1967: Binnen weniger Tage setzen sich die Soldaten Israels in ihren Stellungen fest. Doch zukünftige Gefechte sollten sich als weit mörderischer erweisen: nämlich jene vom Abnutzungskrieg (1967–1970) bis hin zum Jom-Kippur-Krieg, in dem sich, wiederum auf dem Sinai, die größte Panzerschlacht der neueren Geschichte zutragen würde.

Bereits damals entdeckte ich die Straßen von Gaza und die Soldaten, die dort die Ordnung gewährleisten sollten. Zu jener Zeit genügte schon ein Schrei, ein Schuß in die Luft, um Kinder wie Erwachsene in die Flucht zu jagen. Eine Straße leerte sich in wenigen Sekunden.

Im Zeichen jener Tage der Demütigung hatte die Besetzung nach und nach ihre unseligen Auswirkungen gezeitigt und eine zunehmend breitere Kluft zwischen Israelis und Palästinensern gegraben. Die Tzahal wandelte sich in eine Repressionsarmee, auf der anderen Seite erhob sich der Widerstand. Als Gefangene ihrer eigenen Sicht und Vorstellungen vermochten die Israelis dies nie zu erkennen. Ihre durch den Zionismus genährte Euphorie war auf die Errichtung eines vom Glauben an ihre unveräußerlichen Rechte gestützten Staates ausgerichtet.

Der Sinai, die blauen Wasser des Suezkanals, der verwegene israelische Soldat, der, das Gewehr auf den Knien, mit Blickrichtung Ägypten auf einem zerschlissenen Sitz hockte – all das genügte mir nicht. In mir entstand der Wunsch zu erfahren, was sich hinter der anderen Seite verbarg. Unmittelbar nach meiner ersten großen Reportage als Kriegsberichterstatter, nach dem Erlebnis des Lichterglanzes von Tel Aviv, habe ich eine andere Welt entdeckt. Ich bin die sich windenden Straßen von Judäa und Samaria, dem besetzten Westjordanland, entlanggefahren. Ich habe mich wie ein Hirte in der heißen Brise auf meine Fersen gehockt. Ich habe nichts als die Stille gehört, nichts als Bäume, Steine, Hügel gesehen. Ich habe nach Gewißheiten und zweifelsohne auch nach einer Botschaft gesucht, wie jeder, der mit fünfundzwanzig Jahren der Stadt Gottes so nahe ist. Und ich wurde nicht fündig.

So habe ich meinen Weg zu jener Stadt fortgesetzt, die ich in der Ferne sah: Nablus. Ich tauchte in sie ein und entdeckte eine andere Wahrheit. Bei jeder meiner Reisen stattete ich einer palästinensischen Familie einen Besuch ab, wie ich es mit so vielen anderen tat, die mich aufnahmen, um mir von ihrem Alltag und ihrer Vergangenheit zu erzählen. Jedesmal stellte man mir die Kinder vor, Gaby, Diana, Leila,

Suha, Hala. Wie die Kinder der Familie Bernstein in Tel Aviv wuchsen sie allmählich heran. Dann kamen die verschiedenartigsten Erschütterungen, der stumpfsinnige und blinde Terrorismus, die ersten Interviews mit Arafat. Amman, Beirut, Jerusalem, Damaskus, Kairo brachten Momente leidenschaftlicher Erregung – jenes Gefühl, auf einem Schlachtfeld, im Angesicht der rauschhaften Ekstase des Kriegers oder auch seiner Angst, die man teilt, schneller und intensiver zu leben. Diese Gewalt, der Haß, die Niedertracht lösten schauderndes Entsetzen aus, das Grauen des Krieges war wie ein wahnsinniges, mit vollem Schwung angetriebenes Karussell, das nur anhielt, um einen speiübel nach Luft schnappen zu lassen.

Ich suchte nach einer Gewißheit und habe zwei Wahrheiten gefunden. Zwei Wahrheiten, denen ich stets unparteiisch gegenüberstehen wollte. Ich bin ein gleichsam privilegierter Zeuge der Geschichte geblieben, so wie meine Lehrer Pierre Desgraupes und Pierre Lazareff es mir beigebracht hatten: ohne persönliches Engagement. Die Kämpfe dieser beiden Völker, die das gleiche Schicksal teilen, waren nicht die meinen – auch wenn ich das erst verstehen mußte.

Während sich achtundzwanzig Jahre nach meinem heimlichen Eindringen in das Land der Hügel Judäas ein schwacher Hoffnungsschimmer am Horizont abzeichnet, ist durch eine der eigenartigen Fügungen der Geschichte aus der kleinen Suha aus Nablus Suha Arafat geworden. Sie hat eingewilligt, mir für die Ausarbeitung dieses Buches eine Reihe von Interviews zu gewähren. Dieser Bericht schildert, im historischen Kontext, ihr Schicksal, jenes ihrer Familie und schließlich und endlich das eines undurchdringlichen, rätselhaften Mannes, der stetig vorwärtsschreitet, während seine Gefährten erschöpft den Mut sinken lassen: das Schicksal ihres Ehemannes Jassir Arafat. Über ihr Zeugnis hinaus bleibt mein kritischer Blick der des Journalisten, der als Augenzeuge dreißig Jahre eines winzigen Ausschnitts der Geschichte des Nahen Ostens verfolgt hat.

Ich danke Suha Arafat für ihre Offenheit.

GÉRARD SEBAG

– 1 –

Die bereits hoch stehende, jedoch blasse Sonne jenes Tages legte ihr weißes Licht über die Wellen, die dumpf rauschend unablässig dem Strand entgegenrollten. Der klare blaue Himmel konnte die Kälte des Dezembers nicht vergessen machen.

Typisches Wüstenklima von Gaza mit seinen Temperaturunterschieden: sengende Sonne und Sandstürme im Sommer, wegen der vom Meer her kommenden Feuchtigkeit eisige und trostlose Winter. Obwohl man schon von Glück reden konnte, daß der Regen nicht wie sonst die sandigen Straßen von Gaza City in riesige Schlammpfützen verwandelt hatte.

Gaza lebt seit Juli 1994 unter den Zeichen von Arafats Rückkehr und der Autonomie: einer – bedingten – Freiheit, welche die Abkommen von Oslo und von Washington beschert haben.

Über den nach wie vor vom Elend der Flüchtlingslager geprägten Straßen scheint eine gespannte Ruhe zu liegen, während sich bereits überall der noch sehr zarte Duft der Hoffnung verbreitet.

Dennoch ist der beißende Gestank von Tränengas oder der des Rauchs jener angezündeten Autoreifen nur schwer auszulöschen, welche als Straßensperren vor den israelischen Soldaten aufgetürmt waren, die, in ihre kugelsicheren

Westen gezwängt, den Kindern der Intifada* nachsetzten, sobald diese dem Gegner zu nahe auf den Leib rückten.

Eine sonderbare politische Situation, etwas auf internationaler Ebene noch nie Dagewesenes ist entstanden: Ein eigens für den Nahen Osten ersonnener Status wird einerseits von Argwohn, Haß und Angst untergraben und andererseits von der Hoffnung infolge eines historischen Händedrucks dreier Männer getragen, die auf dem grünen Rasen vor dem Weißen Haus in Washington eine mutige, aber noch recht zerbrechliche Geste des Friedens gewagt haben.

Es läßt sich nur schwerlich erahnen,was der Zukunft von dem einem Glaubensbekenntnis gleichkommenden Akt in Erinnerung bleiben wird, der während monatelanger Verhandlungen in Oslo, fern des Sandes und der steinigen Hügel dieses Landstrichs, vorbereitet wurde.

Die Geschichte hat hier weit mehr Gewicht als die Vernunft. Das Gepräge eines Einen und Einzigen Gottes mit mannigfachen Söhnen regelt das Leben von Hunderten Millionen Gläubigen weit über definierte Grenzverläufe oder die von Diplomaten in zäher Kleinarbeit ausgehandelten Verträge hinaus.

Hinter der Stadtausfahrt von Gaza, an der Küstenstraße auf den Sand gesetzt, steht ein kleines Gebäude, ein ehemaliger Militärposten der israelischen Marine. Jassir Arafat hat dort seine Büros eingerichtet, teilt sich die Räumlich-

* Aufstand der Palästinenser, der im Dezember 1987 in allen besetzten Gebieten ausgelöst wurde; gemeinhin »Krieg« beziehungsweise »Revolution der Steine« genannt. Endet nach der Unterzeichnung der Washingtoner Verträge vom 13. September 1993.

keiten jedoch mit dem palästinensischen Fernsehen. Aber ist die Stimme Palästinas nicht vor allem die Arafats? Zweifelsohne sieht er es so – und sorgt damit bei seinen Widersachern oder den örtlichen Journalisten, die auf die so lange erwartete Informationsfreiheit erpicht sind, lediglich für um so heftigeres Zähneknirschen.

Wie jeden Morgen hat Jassir Arafat seine Arbeit bereits bei Sonnenaufgang begonnen: Besprechungen mit den Mitarbeitern, seinen Ministern, dem Polizeichef. In seinem Bürosalon herrscht ein ständiges Kommen und Gehen von Besuchern, die den Raum manchmal mit einem Stück Papier wieder verlassen, auf dem Weisungen, Empfehlungen oder die Erlaubnis, die Verhandlungen über ein Industrieprojekt fortzuführen, festgehalten sind; oder auch mit einem von Arafat unterzeichneten Scheck, der die Gehälter der Polizeibeamten oder die Beihilfe für die Familie eines »Märtyrers« begleichen soll.

Heute jedoch ist die übliche Unruhe merklich nervöser als sonst, denn in wenigen Stunden wird Jassir Arafat nach Oslo abfliegen, um dort Rabin und Peres zu treffen und aus den Händen des Königs von Norwegen den Friedensnobelpreis* entgegenzunehmen.

Das Telefon in Reichweite seiner Hand klingelt. Jassir Arafat hebt, während das Stimmengewirr um ihn herum anhält, ab, antwortet mit einem vagen Dank, sein Gesicht hat sich nicht verändert. Er legt den Hörer behutsam auf den Apparat zurück und hört weiter seinen Besuchern zu. Nur

* Im Unterschied zu den anderen Nobelpreisen, die in Stockholm überreicht werden, findet die Verleihung des Friedenspreises in Oslo statt.

ein unmerkliches Zucken seiner Augenlider verrät, daß es sich um eine wichtige Mitteilung handelte.

Er schafft es immer wieder, noch vor den anderen alles zu erfahren – sogar dann, wenn es einen selbst in erster Linie betrifft. Das ist manchmal frustrierend, erst recht für eine Frau, für seine eigene Frau. Daran muß man sich gewöhnen. Es ist nicht leicht, an der Seite von Jassir Arafat zu leben. Sagen wir so, es ist ein tagtäglicher Kampf. *(Suha Arafat lacht leise.)* Wie auch immer, ich selbst habe ihn mir ausgesucht; ich habe mich zu dem Leben an der Seite eines Mannes bereit gefunden, der eine Art lebender Mythos für die Palästinenser ist, der aber auch wieder zu einem ganz normalen Mann werden muß, sobald er nach Hause kommt. Er merkt es vielleicht nicht, aber ich spüre, daß er sich in letzter Zeit Mühe gibt.

Suha Tawil, die 1990 durch die heimliche Trauung in Tunis ihr Schicksal an jenes des charismatischen Führers der PLO gebunden hat, geizt nicht mit Lobesworten, wenn sie voller Bewunderung und Faszination über den Mann ihres Lebens spricht, den sie im Alter von siebenundzwanzig Jahren geheiratet hat, während er bereits auf die Sechzig zuging. Aber sie versteht es auch, sich kritisch zu äußern, wenn sie in aller Offenheit und geistigen Freiheit auf die indiskretesten Fragen antwortet.

Er lebt sein Leben, ich lebe meines an seiner Seite. Nur ist er völlig durchdrungen von diesem Kampf, den er seit vierzig Jahren führt, und hat gelernt, seine Freude niemals offen auszudrücken. Er weiß, daß auf einen Tag des Glücks für ihn ein schmerzliches Ereignis für seine Nächsten, sein Volk, für die Palästinenser, folgen kann. Ein Dasein, in dem alle Gefahren denkbar sind. Ich für mein Teil bringe die Fröhlichkeit einer jungen Palästinenserin, die an eine glücklichere und hoffnungsvollere Zukunft glaubt und die ihm vielleicht auch den Blick für einen andersgearteten Kampf öffnen will, in sein Leben. Ich rede mit ihm, sage ihm meine in manchen Punkten realitätsbezogenere Meinung. Er tut dann so, als höre er mich gar nicht, doch bisweilen schenkt er mir Aufmerksamkeit – nun ja, so hoffe ich wenigstens. Ich bin vor allem eine palästinensische Frau, ich weiß, daß ich Feinde habe, daß ich Neid und Eifersucht entfache; aber es gibt mich. Wissen Sie, in meiner Familie versteht man sich zu wehren und sich Respekt zu verschaffen. Meine Mutter, Raymonda, ist von den Israelis eingesperrt, unter Hausarrest gestellt, des öfteren während Demonstrationen verprügelt worden. Ich bin in Nablus und in Ramallah unter der israelischen Besatzung aufgezogen worden; auch ich weiß, was kämpfen heißt.

Suha Arafat sitzt mir auf der Terrasse ihres bescheidenen Hauses in Gaza gegenüber. Sie betrachtet das Meer, ihr Blick verliert sich über der Wasserfläche, verharrt schließlich auf dem Bürogebäude ihres Ehemannes. Blondes Haar, nußbraune Augen, ein weites blaßblaues Kleid, unter dem man die ersten Zeichen ihrer baldigen Mutterschaft erahnt. Eine junge, bisweilen ratlose Frau, deren unbestimmte, zarte Ausstrahlung in diesem verworrenen Spiel politischer Intrigen fehl am Platze erscheint, die aber schon im nächsten Augenblick ihre Persönlichkeit mit einer entschlossenen Bewegung des Kinns herausstreicht.

An diesem Tag sollten wir also nach Oslo fliegen. Es handelte sich dabei um ein bedeutendes Ereignis für meinen Mann und für mich selbst. Eine lange Reise stand uns bevor, denn um nach Oslo fliegen zu können, muß man zuerst Gaza über den Grenzposten verlassen und dann mit dem Wagen zum ägyptischen Militärflugplatz El-Arisch fahren. Von dort sollte uns eine eigens vom norwegischen König gecharterte Maschine der Fluggesellschaft Norways Airlines in die Hauptstadt Norwegens bringen. Rabin und Peres hatten es erheblich einfacher, in Israel am Flughafen Lod ihre Maschine zu besteigen. Die Kälte war wirklich schneidend, unser Haus schlecht beheizt und wie alle Häuser im Gazastreifen für strenge Winter nicht gerüstet.

Ich hatte Mühe aufzustehen, ich fühlte mich ermattet und müde. Unter meiner Bettdecke vergraben, dachte ich an diese beklagenswerten Palästinenser – zumeist Flüchtlinge des ersten israelisch-arabischen Kriegs von 1948 –, die in den Camps zu mehreren in Bretterhütten leben. Diese Flüchtlingslager tragen Namen wie Beach Camp, Jabaliya, Chattieh, Khan Junis, Rafah. Der Abzug der israelischen Armee, Jassir Arafats Rückkehr an jenem Tag im Juli 1994 – kurzum: die ungeheure Hoffnung, die diese Wiedergeburt auslöste –, all das schien mir an diesem Morgen wieder in sich zusammengefallen. Mir kamen die Arbeiten des griechischen Sagenhelden Herakles in den Sinn: Er allein hätte Gaza in wenigen Augenblicken mit Leichtigkeit neu aufbauen können. Oder vielleicht würde eine gute Fee die elenden, verkommenen Straßen in Gärten verwandeln.

Aber solche Wunder gibt es nicht. Die Palästinenser selbst müssen das Verhängnis abschütteln und mit gemeinsamer Anstrengung versuchen, alles schneller voranzutreiben, um die Not zu beseitigen. Die Millionen von Dollars, die von Amerikanern, Europäern und Japanern zugesagt worden waren, blieben aus; die Armut hatte sich überall unausrottbar eingenistet. Jassir saß in einer Falle, die sich angesichts dieses so zerbrechlichen Friedens als fatal erweisen konnte.

Ich blieb in meinen Träumereien und düsteren Gedanken versunken... Das Telefon klingelte hartnäckig, bis ich endlich abhob. Der Anrufer war Dr. Ahmed Tibi aus Jerusalem.

Ein Schauder befiel mich, eine Mischung aus Besorgnis und Freude. Ich legte instinktiv meine linke Hand auf meinen Unterleib, so als hätte ich schon etwas fühlen können. Ich war schwanger; ich erwartete ein Kind. An dieser Freude, diesem Glück mußte ich unbedingt sofort alle teilhaben lassen, diesmal würde ich nicht Stillschweigen bewahren. Ich hatte zu sehr gelitten unter den schweren Jahren unserer heimlichen Ehe. Hier, in meiner Heimat, unter sämtlichen anderen Frauen des Volkes, war ich frei, ohne die Angriffe oder die Eifersucht und den Neid eines erdrückenden Kreises enger Vertrauter erdulden zu müssen, bei denen die Zeit des Exils ihre negativen Spuren hinterlassen hatte.

Ich sagte Ahmed, daß ich es Jassir sofort mitteilen müsse, worauf er mir antwortete: »Mach dir keine Sorgen, er weiß es bereits.«

Für einen Augenblick machte sich in mir ein Gefühl unheimlicher Frustration breit – die Frau von Arafat konnte nicht so wie alle anderen Frauen das Glück erleben, in den Augen ihres Ehemannes die mit ihr geteilte

Freude zu lesen. Während die Neuigkeit bereits von den Presseagenturen verbreitet wurde, wartete ich, wie jede Nacht, bis drei Uhr morgens auf die Heimkehr meines Gatten, um seine Reaktion zu sehen.

Glücklich war er sicherlich – tief in seinem Herzen, das spürte ich –, aber es fiel ihm schwer, eine solche Empfindung zum Ausdruck zu bringen. Den Anteil, den er an unserem Kind nahm, bekundete er auf indirektem Wege: als er nämlich unsere lange Reise vom folgenden Tag ansprach. Sollte ich ihn begleiten oder nicht? Die Ärzte waren gegen diese Ortsveränderung, ich war dafür, Jassir ließ mich allein entscheiden.

In Oslo würden Peres und Rabin in Gesellschaft ihrer Gemahlinnen eintreffen. Ich hatte im September 1994 an den Feierlichkeiten anläßlich der Unterzeichnung der Washingtoner Verträge mit Präsident Clinton aus obskuren Gründen nicht teilnehmen können. Diesmal mußte ich an der Seite meines Ehemanns sein.

Die Entscheidung wurde getroffen. Anderntags um fünf Uhr morgens waren Suha und Jassir Seite an Seite in einem schwarzen gepanzerten Mercedes zum Flugplatz El-Arisch unterwegs. Eine zweistündige Fahrt über eine schlechte Straße mußte mit hohem Tempo und unter schärfstem Personenschutz bewältigt werden. Mehrere Wagen mit bewaffneten Soldaten eskortierten sie unablässig. In der Tat ist die Gefahr eines möglichen Anschlags auf dieser Straße beträchtlich, da sie in der Nähe von nach wie vor im Gazastreifen existenten jüdischen Siedlungen vorbeiführt. Deren Bewohner stehen der Autonomie feindlich gegenüber und betrachten Arafat weiterhin als blutrünstigen Terroristen, der den Tod wahrhaftig verdienen würde. Hinzu kommen noch arabische Dörfler, die mit der israelischen Armee kollaborieren, islamische Fundamentalisten vom Dschihad oder von der Hamas, die zu allem bereit sind, um den Fortschritt des Friedensprozesses aufzuhalten. Die gemischten Patrouillen aus israelischen Soldaten und palästinensischen Polizisten hatten mehrere blutige Attentate nicht rechtzeitig vereiteln können. Und bei einer Kontrolle war sogar nur wenige Augenblicke vor einer Durchfahrt Jassir Arafats ein mit Sprengstoff vollgestopfter Pferdekarren entdeckt worden.

– 2 –

Diese Straße von Gaza nach Rafah, dem Grenzposten, der Zugang zur Sinaihalbinsel und nach Ägypten bietet, ist nur etwa fünfzig Kilometer lang. Sie verläuft parallel zur ehemaligen Eisenbahnlinie, welche die Briten während des Ersten Weltkriegs gebaut hatten, und ab El-Qantara am Ufer des Suezkanals vierhundert Kilometer Wüste durchquerte, um in Jaffa auf die alte türkische Bahnstrecke nach Jerusalem zu treffen. Von den Türken über Briten und Ägypter bis zu den Israelis hat Gaza etliche Besatzer erlebt. Zum erstenmal seit annähernd vier Jahrhunderten weht eine palästinensische Flagge frei und ungehindert über dem Land, nachdem Jassir Arafat das Wagnis Gaza–Jericho, die erste Phase des Aufbaus einer eigenen Identität, eingegangen ist. Gegenwärtig kann der Begriff »Staat« in den Abkommen von Washington und Kairo *de jure* nur ziemlich vage definiert werden, und Jassir Arafat steht auf weiter Flur – selbst innerhalb der PLO – dieser kolossalen und mühevollen Aufgabe, einen Staat zu schaffen, recht allein gegenüber.

Es drängt sich geradezu eine Parallele zur Balfour-Deklaration vom 2. November 1917 auf, die das gleiche Maß an Zweideutigkeit beinhaltete, da sie lediglich die unscharf umrissene Errichtung einer »nationalen Heimstätte« der Juden ansprach. Die spätere Gründung des Staates Israel im Jahre 1948 war gleichwohl nicht zu verhindern.

Die Wüstenstraße nach El-Arisch, begleitet von verrosteten Gleisabschnitten, die sich gleichsam wie Truggebilde an den zum Meer hin abfallenden Palmenhainen entlangziehen, regt bei all denen, die sie befahren, die Phantasie an und ruft Namen sowie Erinnerungen an die Geschichte vom Beginn des Jahrhunderts wieder wach.

Zweifelsohne entschied sich hier in Gaza, diesem Riegel vor den palästinensischen Ebenen und Jerusalem, im Jahre 1918 das wechselhafte Schicksal Palästinas. Die Stadt wurde der Herrschaft der osmanischen Türken, der besiegten Verbündeten von Deutschland, entrissen, um in die Hände der Kolonialmächte England und Frankreich zu fallen.

Die heute im Nahen Osten ausgesprochenen Namen sind häufig die von Männern, Stätten, Organisationen und Parteien, deren Geburtsstunden auf den Anfang des Jahrhunderts zurückgehen. Sie dürfen auf keinen Fall außer acht gelassen werden, wenn man die neuen Gegebenheiten verstehen will, welche die heutige Geschichte bestimmen: die Entstehung des Zionismus, die Einwanderung der ersten jüdischen Siedler, die Balfour-Deklaration, der Sturz des Osmanischen Reiches, das Aufkommen des arabischen Nationalismus (repräsentiert durch die großen Familien, insbesondere die Dynastie der Haschemiten in Mekka, die Husseini und dergleichen), Oberst »Lawrence von Arabien«, Faisal, das Sykes-Picot-Abkommen, das jene englischen und französischen Diplomaten 1916 aushandelten, die damit die Aufteilung des Nahen Ostens zwischen den beiden europäischen Großmächten und folglich die Grenzen Palästinas festlegten.

Lassen Sie uns doch einen Sprung von siebzig Jahren zurück in der Zeit machen und Einsicht nehmen in den langen Artikel des Sonderkorrespondenten Jules Chancel, der am 10. August 1918 in der Zeitung *L'Illustration* erschien.

Es handelt sich hierbei um einen veritablen geschichtlichen Abriß, von dem die folgenden kurzen Auszüge über Gaza und Jericho unbedingt noch einmal gelesen werden sollten, um einen Überblick der während des Ersten Weltkriegs vorherrschenden Anschauung Europas zum Nahen Osten zu gewinnen, in dem bis dahin keinerlei Grenzen gezogen waren. Die gesamte Region unterstand zu jener Zeit noch immer dem türkischen Sultan.

»Es war kein leichtes Unterfangen, als Kriegsberichterstatter in Palästina akkreditiert zu werden. Unsere Alliierten, die Engländer, die dort unten eine so hehre Aufgabe zu bewältigen haben, hegen die feste Absicht, ihr Werk in aller Stille und Geheimhaltung zu Ende zu bringen. Diese geben sie nur auf, um kurze Bulletins zu veröffentlichen, in denen von der baldigen Einnahme Gazas, dann von jener Jaffas und schließlich Jerusalems die Rede ist. Es ist weithin unbekannt, daß diese aufeinanderfolgenden Vorstöße ein Territorium von mehr als sechstausend Quadratkilometer einbeziehen, das den Türken somit entrissen wurde, und daß das gesamte Heilige Land nunmehr für immer vom osmanischen Joch befreit ist ...«

Nach einer in einem Zug, der von El-Qantara aus frische Truppen zur Front hinaufbringt, verbrachten Nacht sieht Jules Chancel zum erstenmal Gaza.

»... Gaza, die befestigte Stadt, die seit Jahrhunderten das Bollwerk gegen jedwede Armee war, welche sich zum Ziel setzte, in Palästina einzufallen und die selbst Alexander den

Großen bei seinem Vormarsch gen Ägypten aufhielt, nachdem er Dareios bei Issos besiegt hatte. Die Ruinen, die wir heute sehen, sind nicht das Werk der Zeit, sondern das unserer Granaten. In der Tat beschossen die quer zur Küste vor Anker liegenden englischen Panzerschiffe den Feind zwei Tage lang ohne Unterlaß, wobei die *Requin*, ein leichter französischer Panzerkreuzer, an dem Bombardement teilnahm. Nach dieser Artillerievorbereitung gingen die seit mehreren Tagen in Beerscheba zusammengezogenen englischen Truppen zum Sturmangriff über, und die Kavalleristen attackierten den Feind mit ihren auf Lanzen gespießten Bajonetten.«

Die brillante Einnahme von Gaza, ein Triumph der Kavallerie, läutete die endgültige Niederlage der Türken in Palästina ein. Ab da hielten die Erfolge der Engländer bis zur völligen Befreiung Jerusalems an.

»Lydda* ist die Station, an der ich meine Fahrt unterbrechen muß, um mich in das französische Feldlager zu begeben ... Wir durchqueren eine kleine, malerische und in der Hauptsache arabische Stadt: Ramla, das ehemalige Arimathía der Heiligen Schrift. Wir streifen die Mauern des ehemaligen Klosters, in dem Bonaparte 1799 nach seiner Durchquerung von Gaza logierte, und dabei sinne ich darüber nach, daß auch er durch die Wüste gekommen ist, ohne Eisenbahn, und seine Grenadiere mit Bärenfellmützen statt Tropenhelmen auf den Häuptern ... Was Monsieur Georges Picot, unseren Hochkommissar, anbelangt, so bleibt er der zähe und wachsame Repräsentant unserer Rechte und unseres Einflusses in Palästina ...

* Das heutige Lod *(Anm. d. Ü.)*

Jerusalem ... Die türkischen Statistiken weisen vor dem Krieg die Anwesenheit von Muselmanen, Juden, Christen griechischen oder lateinischen Ritus sowie Kopten, Abessinier, Drusen und Syrer aus, im ganzen 70 000 Einwohner ... Am 26. Mai habe ich der überaus herzlichen Huldigung beigewohnt, welche die jüdische Gemeinde von Buchara General Allenby darbrachte, dem Kommandierenden der eigens zu dieser Zeremonie nach Jerusalem entsandten Streitkräfte Großbritanniens. Mehr als 3000 Kinder der zionistischen Schulen standen am Weg des englischen Generals entlang Spalier und jubelten ihm zu, indem sie seinen Wagen und die der Offiziere seiner Gefolgschaft, unter denen man mir einen der Barone von Rothschild zeigte, mit Blumen bedeckten ...«

Und schon damals gab es Flüchtlinge! Sie kamen aus dem Jordantal und aus Judäa-Samaria, wo zu diesem Zeitpunkt englische und türkische Soldaten noch miteinander kämpften. Jules Chancel beschreibt die Sehnsucht der vom Krieg Vertriebenen:

»Viele der Flüchtlinge lagern auf dem Ölberg. Ich erklimme den russischen Turm, von dem aus man eine sehr gute Sicht auf das Tote Meer und die kahlen Berge Moabs hat. Auf der Plattform finde ich Flüchtlinge vor; einen noch in seinen Lumpen würdevollen Greis und ein beinahe nacktes Kind, deren schöne schwarze, leuchtende Augen unentwegt auf einem Punkt in der Gegend des Toten Meeres verharren. Mein Führer, der arabisch spricht, fragt, was sie mit solcher Eindringlichkeit betrachten. Sie antworten: ›Die Heimat ...‹

Welche Kraft hat doch dies magische Wort für die unheilvolle und kahle Landschaft, die sie verlassen mußten! Vierhundert Meter unter dem Meeresspiegel fällt einem das Atmen schwer, doch was macht das schon aus! Und in ebendiesen unwirtlichen Landstrichen kämpfen derzeit die englischen Truppen. In meiner nächsten Korrespondenz werde ich Ihnen von der englischen Front in der Umgebung Jerichos berichten. Der Hölle von Jericho, wie sie unsere Alliierten nennen ...«

Demnach waren alle Akteure, sämtliche historischen, geopolitischen und religiösen Voraussetzungen für einen dauerhaften Konflikt bereits zu Beginn des 20. Jahrhunderts gegeben. Diese wurden durch den Kolonialismus, das verheerende Feuer der nationalsozialistischen Ideologie, den beginnenden arabischen Nationalismus und die auf die Verfolgung ihrer eigenen Interessen ausgerichteten Menschen und Länder noch zusätzlich aufgeheizt. Angesichts der Zeitspannen zwischen der Balfour-Deklaration und der Gründung des Staates Israel, der blutigen Kriege und der Flüchtlingslager markieren das Gaza-Jericho-Abkommen sowie der Dialog zwischen Palästinensern und Israelis trotz aller Unvollkommenheiten Wendepunkte, die heute die Basis dafür sein sollten, den Haß und die Gewalt zu überwinden. Doch bis dahin ist der Weg noch lang, denn es sind zahlreiche Gesten guten Willens vonnöten, um endlich wirkliches Vertrauen zu entwickeln und auch Taten folgen zu lassen.

– 3 –

Von der Abfahrt aus Gaza an gerechnet, dauerte die Reise elf Stunden, um an diesem 10. Dezember 1994 nach Oslo zu gelangen. Es war 16 Uhr. Auf der Landebahn des Flughafens warteten die Mitglieder des Nobelinstituts, aber auch eine Meute von Reportern und Fotografen, die Scheinwerfer und Blitzlichter auf Suha Arafat gerichtet. Die Nachricht über ihre Schwangerschaft war bereits um die Welt gegangen.

Jassirs Kind unter dem Herzen zu tragen, bedeutet eine große Verantwortung. Wie kann dieses Kind erzogen werden, ohne es mit der ungeheuren historischen Bürde seines Vaters und eines ganzen Volkes, einer ganzen Geschichte und so vieler Tragödien zu belasten? Was mich angeht, so muß es mir gelingen, unser Kind bis zu dem Tag zu beschützen, an dem es sein Schicksal selbst bestimmen wird.

Im allgemeinen bin ich recht schüchtern, und die Presse macht mir angst; meine Verwirrung und meine Unbehaglichkeit auf dem Flughafen von Oslo waren mir deutlich anzumerken. Jassir flüsterte mir zum Spaß auf arabisch zu: »Auf offiziellen Reisen wirst du mich nicht mehr begleiten, du ziehst die Journalisten und die Blitzlichter der Fotografen einfach zu sehr an!«

»Aber nein«, antwortete ich ihm, »sei ganz unbesorgt; die sind doch vor allem wegen dir gekommen.«

Ich fühlte, daß er glücklich, befriedigt war. Diese Friedenssymbolik gefiel ihm, vor allem hier in Oslo, dem Ort der ersten Geheimverhandlungen zwischen Israelis und Palästinensern. Im Nobelinstitut, wo wir noch am selben Abend von neun Akademiemitgliedern, darunter zwei Frauen, empfangen wurden, war meine erste Reaktion, in dem Salon, in dem die Porträts aller Nobelpreisträger hängen, Arafats Bild austauschen zu lassen. Ich fand das Foto, das sie gewählt hatten, ausdruckslos, wo doch Jassirs Persönlichkeit das genaue Gegenteil ist ...

Während der Proben für die Zeremonie der Preisverleihung an Jassir begab ich mich dann in das Grandhotel, um mich dort etwas auszuruhen. Ich war mittlerweile ziemlich erschöpft.

Das erste offizielle Diner wurde im Restaurant des Hotels im zwölften Stock gereicht.

Rabin, Peres und Arafat waren guter Laune. Dem Protokoll entsprechend, hatte ich meinen Platz gegenüber dem von Lea Rabin zugewiesen bekommen, die zu Arafats Rechten saß. Dies war das zweitemal, daß wir uns sahen; unser erstes Zusammentreffen hatte in Spanien im Beisein des Königs Juan Carlos bei der Überreichung des Astorias-Preises stattgefunden.

Ein sehr *akademisches* Diner. Rabin war immer sehr reserviert, Peres hingegen überaus geschickt, um das Eis zu brechen. Auf unser Treffen in Madrid zurückblickend, begann er über das Werk Gabriel Garcia Marquez', über dessen Romane, wie etwa *Hundert Jahre Einsamkeit* oder *Chronik eines angekündigten Todes,* zu sprechen. Frau Rabin wandte sich daraufhin an Jassir, sah ihm in die Augen und sagte: »Diese Begegnung verlief für mich etwas enttäuschend, denn als Garcia Marquez Sie an jenem Tag sah, hat er mich, obwohl ich ihn doch so gut kenne, zu Ihren Gunsten ganz vergessen!«

Das Tischgespräch unter uns Frauen befaßte sich selbstverständlich auch mit meiner Schwangerschaft. Frau Rabin riet mir eingehend, die Entbindung in einer israelischen Klinik, genauer gesagt: im Tel-Ha'schomer-Hospital, durchführen zu lassen. Sie rühmte das Können der israelischen Ärzte und den hohen Standard der Krankenbetreuung. Für mich kam dies keineswegs in Frage: Wie hätte ich den ungewissen Status Jerusalems und die weiter andauernde Besetzung des Westjordanlands vergessen können? Es stimmte mich sogar traurig, denn ich wurde mir plötzlich des Elends unserer klinischen Einrichtungen in Gaza und der Schwierigkeiten bewußt, mit denen die palästinensischen Mütter zu kämpfen haben, die sich ohne ernsthafte Vorsorgeuntersuchungen stets an Hebammen wenden. In diesem Augenblick leistete ich vor mir den Schwur, alles zu tun, um die Gründung einer ausgezeichneten Klinik, in der unsere palästinensischen Frauen unsere Kinder in bester Obhut zur Welt bringen können, voranzutreiben.

Diesen Zusammentreffen zwischen Jassir und seinen beiden israelischen Gesprächspartnern haftet immer etwas Surreales an. Wir drücken uns als ehemalige Feinde nun mit einer gewissen Aufrichtigkeit die Hand und sind uns alle der Notwendigkeit bewußt, den Frieden tatsächlich auf soliden Fundamenten zu bauen und in die Zukunft zu blicken. Aber die Vernunftsehe hat sich noch immer nicht in eine Liebesheirat verwandelt. Ein untergründiger Argwohn besteht weiterhin fort, da die Vergangenheit schwer zu vergessen ist. Ich persönlich bin der Meinung, daß die Israelis sich zu oft provokant verhalten, wie ich es im übrigen am anderen Tag, im Verlauf der offiziellen Zeremonie zur Verleihung des Friedensnobelpreises, erleben konnte . . .

Unter dem Beifall mehrerer hundert geladener Gäste betraten Rabin, Peres und Arafat, von den Mitgliedern des Nobelinstituts begleitet und in Anwesenheit des norwegischen Königspaars, feierlich den Saal. Jassir trug wie immer seine Uniform und die berühmte Kefijeh, sein »Markenzeichen«; aus dem Augenwinkel beobachtete er das Verhalten seiner beiden Partner in ihren schlichten marineblauen Anzügen. Shimon Peres hatte eine türkisblaue Krawatte umgebunden, Rabin hatte sich für eine im Klubstil – blau mit gelben Karos – entschieden. Arafat behielt den Hemdkragen offen, ein Zipfel seiner Kefijeh bedeckte statt eines Schals den Hals.

In diesem Augenblick dürfte vermutlich jeder von ihnen an seinen Kampf, seine spektakulären Maßnahmen der Vergangenheit zurückgedacht haben . . . Rabin, der nach wie vor taktierende ehemalige Soldat – der im allgemeinen Zigarette auf Zigarette rauchte, sich hier aber wegen des Protokolls daran gehindert sah –, war sich noch nicht darüber im klaren, wie die weitere Vorgehensweise hinsichtlich der Fortführung der Verhandlungen und der Ausweitung der Autonomiegebiete ausschauen sollte. Er wußte jedoch, daß er nicht mehr zurückkonnte. Der immerzu lächelnde Shimon Peres – der sich seiner selbst etwas zu sicher ist, da er sich zwar zu Recht als Architekt dieser Aussöhnung versteht, jedoch außerstande gewesen wäre, sie allein zu verwirklichen –, war fest entschlossen, weiter vorwärtszuschreiten, selbst auf die Gefahr hin, in eine Sackgasse zu geraten. Und endlich Jassir Arafat, der Mann des Untergrunds, der Winkelzüge, Verwirrspiele und mannigfachen Intrigen, innerlich von den Narben unzähliger Wunden gezeichnet, die ihm ein Leben zufügte, bei dem er nicht nur Israel, sondern auch den Verrätereien seiner eigenen arabischen Brüder Schlag auf Schlag Paroli bieten mußte, welche die palästinensische Sache häufig als eine Art Gaukelspiel auffaßten, mit dem sie die nationalen Ansprüche im Namen der heiligen Solidarität dämpften. Ihm gegenüber, in der ersten Zuschauerreihe, sah ihn seine Gemahlin voller Bewunderung fest an; sie applaudierte.

Was mochte Jassir Arafat in diesem Moment durch den Kopf gegangen sein?

Seine Augen leuchteten mit außergewöhnlicher Intensität. Er sprach mit seinen Blicken, die abwechselnd freundlich, durchtrieben, streng, zornig, verächtlich, haßerfüllt oder ganz einfach in Gedanken befangen sein können, welche er niemandem enthüllen wird.

Sie sollten nacheinander das Wort ergreifen. Im Gegensatz zum üblichen Ablauf hatten Rabin und Peres richtige Propagandareden gehalten, in denen von der Judaisierung Jerusalems, dem jüdischen Charakter der Stadt, von König David die Rede war. Das war eine eindeutige Provokation. Jassir verzichtete darauf, ihnen zu antworten, auch wenn er ebenfalls über Jerusalem sprach, jedoch in weit poetischeren Worten – es war Mahmud Darwisch, der große palästinensische Dichter, der ihn zu seiner Ansprache angeregt hatte. Aber ich spürte, daß Arafat gereizt war, und in solchen Momenten ist er unberechenbar, jederzeit dazu fähig, einen Skandal zu verursachen ...

Am selben Abend, während des großen Galadiners und bei den Tischreden, kam Rabin erneut auf den arabischen Terrorismus zu sprechen, auf Jerusalem, Syrien,was bei Arafat äußersten Ärger hervorrief und ihn sogleich zum Widerspruch veranlaßte.

Auf arabisch bat ich ihn, sich zu beruhigen. Er solle doch lieber Norwegens Rolle bei den ersten Begegnungen von Israelis und Palästinensern beschreiben und besonders den aufopferungsvollen Einsatz des norwegischen Außenministers Holst hervorheben, der leider zwischenzeitlich verstorben, dessen Gattin Mariana aber zugegen war. Ein Wunder – er hörte auf mich. Es kam zu wahren Ovationen für Arafat, dem von allen Seiten und selbst aus den Reihen der in großer Zahl nach Oslo gereisten Israelis Beifall gespendet wurde.

Diner auf Diner, Reden auf Reden – Oslo begann mir allmählich auf den Magen zu schlagen: vor allem, da die Menüs dort vorwiegend auf der Grundlage von Fisch und geräuchertem Lachs zubereitet wurden. Nun mag ich zwar Fisch furchtbar gern, doch in meinem Zustand konnte ich ihn nicht mehr vertragen. Ich werde Ihnen ein Geständnis machen: Seit meiner Reise nach Oslo ist es mir unmöglich, auch nur ein Stück Fisch herunterzubekommen.

Bei einem dieser Diners zeigten sich Rabin und Peres über meine umfassenden Kenntnisse der israelischen Gesellschaft verwundert. Ich habe ihnen erwidert, daß ich, was man nicht vergessen darf, in meiner Kindheit unter der israelischen Besatzung leben und unter ihr leiden mußte, daß wir aber auch das Glück hatten, mit vielen Israelis der Linken, die seit langem schon eine Annäherung mit den Palästinensern wünschten, in Kontakt gestanden zu haben.

Sie kamen regelmäßig bei meiner Mutter in Ramallah zu Besuch: Mitglieder der Peace-Now-Bewegung, Abgeordnete wie Uri Avnery, Frauen, die der Organisation für Menschenrechte angehörten.

»Übrigens, was Ihre Mutter angeht«, vertraute mir Shimon Peres an, »wußten Sie, daß ich sie gut gekannt habe?«

Ein sonderbares Gespräch, ein freundschaftlicher Ton, und dennoch zögerte ich nicht, ihm etwas verächtlich zu antworten: »Sicher weiß ich, daß Sie sie gekannt haben, da Sie als Verteidigungsminister es ja waren, der sie unter Hausarrest gestellt und dann ins Gefängnis gesteckt hat. Für sie war das eine schwere Zeit, aber auch für uns, ihre Kinder.«

»Aber nein«, erwiderte Shimon Peres, »das war ich nicht, Sie täuschen sich.«

Damals meinten die Palästinenser, daß Peres, die vermeintliche »Taube«, insgeheim eine weit größere Härte an den Tag legte als die rigorosesten »Falken«. Die Zeiten ändern sich, und die Menschen zum Glück auch. Nach dem Sechstagekrieg und dem Fall von Jerusalem und Gaza, der Einnahme des Sinai und der Golanhöhen hegten die Israelis, wie übrigens auch Moshe Dayan, keinen Zweifel daran, daß es ihnen gelingen würde, die palästinensischen Gebiete zu integrieren.

Ebenso konnte ich nicht vergessen, daß Rabin an jenem 6. Juni 1967 als Stabschef die israelische Armee befehligte ... Ich war drei Jahre alt, als die israelischen Panzer in Nablus eindrangen ...

– 4 –

In einer riesigen Staubwolke haben sich die Panzerkolonnen von Kalkilja aus in Bewegung gesetzt und gehen zum Sturm auf Nablus über. Ihr Ziel: schnellstmöglich die Allenby- und die Damiabrücke über den Jordan zu erreichen, um die Westbank zu erobern.

Der Sechstagekrieg, der in den Morgenstunden des 5. Juni 1967 seinen Anfang nahm, ist bereits in die zweite Phase getreten.

Schon früh am Morgen hat die israelische Luftwaffe die der Ägypter vernichtet. General Moshe Dayan ist Verteidigungsminister; sein Stabschef der fünfundvierzigjährige General Jitzhak Rabin. Die politische und die Militärführung Israels hatten sich zu diesem Präventivschlag entschlossen, der, nachdem die auf der Sinai-Halbinsel stationierten UN-Friedenstruppen auf Verlangen des ägyptischen Präsidenten Nasser abgezogen waren, zu einem Blitzkrieg werden sollte. Die Ägypter hatten die Schließung von Sharm el-Sheikh und der Meerenge von Tiran veranlaßt und somit die Durchfahrt von Handelsschiffen zum israelischen Hafen Eilat an der äußersten Spitze des Golfes von Akaba im Roten Meer blockiert.

Der Sinai ist beinahe vollständig unter Kontrolle der Israelis. Die Kolonnen der von den Soldaten Israels gelenkten Halbkettenfahrzeuge, die an disziplinierte, bestens ausgerüstete römische Legionen erinnern, jagen nun eine ganze Armee, die, von ihren unfähigen und korrupten Befehlshabern zumeist im Stich gelassen, in panischer Angst die Flucht ergreift.

Gaza ist gefallen. Der Mitlapaß wird zur Schlüsselstellung auf dem Sinai und von israelischen Einheiten angegriffen. Eine von General Chadli kommandierte ägyptische Panzereinheit – die einzige schlagkräftige – versucht in einem verzweifelten Manöver, bei dem mit Treibstoffmangel liegengebliebene Panzer einfach aufgegeben werden, bei Nacht den Paß zu überqueren, um längs des Suezkanals eine zweite Verteidigungslinie zu errichten. Doch dafür ist es schon zu spät, der strategische Schachzug wird zunächst von der israelischen Luftwaffe zerbombt und dann endgültig von den Sherman-Panzern gestoppt.

Für die Ägypter ist bereits alles verloren, die Jordanier können wenige Stunden später sämtliche Siegeshoffnungen begraben.

In einem berühmten Telefonat mit dem jordanischen König Hussein, das von den israelischen Geheimdiensten aufgezeichnet und verbreitet werden sollte, wird Oberst Nasser lügen und dem Herrscher versichern, die ägyptische Armee stünde kurz vor dem Sieg, und ihn auffordern, daß es an der Zeit sei, sich ebenfalls am Krieg zu beteiligen, sofern er ein Stück vom Kuchen bekommen wolle.

Die hochgelobte Arabische Legion, von Glubb Pascha, einem britischen Offizier in Diensten des Königs Abdallah, Husseins Großvater, ausgebildete Truppen, steht vorerst Gewehr bei Fuß bereit; ihre Offiziere beobachten durch Ferngläser die andere Seite Jerusalems. König Hussein zögert... Seit seiner Thronbesteigung im Jahre 1953 hat er insgeheim Beziehungen zu israelischen Führungskreisen unterhalten und war in dieser Beziehung seinem Großvater gefolgt. Von den drängenden und überzeugenden Worten Nassers, der durch seine Lüge den Druck an der Sinaifront zu mindern versucht, jedoch mitgerissen, entscheidet Hussein sich für Krieg.

Die ersten jordanischen Granaten schlagen im jüdischen Teil Jerusalems ein, nur wenige Meter trennen die Tzahal von der Arabischen Legion. Eine lange Straße nämlich verläuft seit dem Waffenstillstand von 1949 mitten durch Jerusalem – eine Demarkationslinie, die der Straße von Nablus folgt und in der Nähe des Damaskustores auf die Wehrmauern der Altstadt trifft, um dann an der Westseite der Befestigung und dem Davidsturm entlangzuführen –, eine von Stacheldraht und Minenfeldern durchzogene, unter Maschinengewehrfeuer liegende Gasse.

Vorsichtig wartet Moshe Dayan noch einige Stunden ab, bis er sicher ist, daß Sharm el-Sheik und die Insel Tiran in Reichweite der israelischen Geschütze liegen.

Dann erfolgt endlich der Befehl. Die Panzerbrigade unter dem Kommando von Oberst Ben Ari und eine von Oberst Gur geführte Fallschirmjägerbrigade werden Richtung Skopus- und Ölberg in Marsch gesetzt – ein schwieriges Unterfangen... In Höhe der Polizeischule und des Munitionshügels stoßen sie auf erbitterte Gegenwehr. Doch nach deren Überwindung stürmen Ben Ari und seine Panzer auf Ramallah und Nablus. Oberst Gur fällt in die Altstadt von Jerusalem ein: Auch dort kommt es zu harten Gefechten, die engen Gassen müssen eine nach der anderen eingenommen werden. Der Auftrag lautet klar und deutlich, alles zu unternehmen, um die heiligen Stätten zu schützen und möglichst geringe Schäden an Kirchen und Moscheen zu verursachen.

Die Gäßchen der Altstadt werden oftmals mit blanker Waffe erkämpft: Die Soldaten der Arabischen Legion haben sich auf die Terrassen zurückgezogen und müssen erst mühsam aus ihren Stellungen vertrieben werden, damit die Israelis ohne allzu große Verluste vorrücken können.

Am Mittwoch, dem 7. Juni, hat Oberst Gur praktisch die gesamte Stadt unter seiner Kontrolle. Er treibt seine Elitebataillone bis zum Löwentor vor und von dort zu einem engen Gäßchen, das vor der Al-Aksa-Moschee in einen Platz mündet, dessen freiliegende Westwand einst Bestandteil des von Salomo erbauten Tempels war, der unter Herodes wiedererrichtet und von den Römern unter der Herrschaft des Titus im Jahre 70 n. Chr. abermals zerstört wurde. Es handelt sich um die Klagemauer, zu der die frommen Juden vor dem Krieg von 1948 und vor der Teilung der Stadt kamen und den berühmten Vers beteten: »Wenn ich dich je vergesse, o Jerusalem, dann soll mir die rechte Hand verdorren . . .«

Die Gesichter von den Kämpfen gezeichnet, die Helme schief auf den Köpfen, die Uniformen vereinzelt von Blut befleckt und ihre Waffen umklammernd, stehen die ersten Fallschirmjäger plötzlich vor der Klagemauer. Ein Gefühl ungeheurer Ergriffenheit breitet sich aus, fast alle weinen, manche ziehen sogleich ihren Gebetsüberwurf hervor, bedecken sich damit das Haupt, während ein Feldgeistlicher das Schofar, das aus dem Horn eines Widders angefertigte rituelle Blasinstrument, ertönen läßt. Sehr rasch verbreitet sich die Nachricht in ganz Jerusalem, in ganz Israel, überall in der Welt. Die Altstadt von Jerusalem ist wieder jüdisch geworden. Gegen Ende des Nachmittags trifft auch Moshe Dayan mit seinem Generalstab ein, um die Klagemauer zu besichtigen. Hussein von Jordanien hat Jerusalem verloren, und die israelischen Panzer stehen am Ufer des Jordan.

Welch krasser Gegensatz zwischen der Begeisterung in den Straßen Jerusalems und der Situation in den palästinensischen Städten und Landstrichen des Westjordanlands.

Granatbeschuß, Kämpfe, scharfe Kommandos von Soldaten, weiße Fahnen an den Fenstern der Häuser. Aus Angst vor dem unaufhaltsamen Vormarsch der Israelis fliehen Hunderte Palästinenser Hals über Kopf. Ihnen, von denen etliche bereits alles im Jahre 1948 verloren haben und seither in Zeltlagern leben, bleibt in der Panik nur die einzige Hoffnung: schnellstmöglich die Brücken zu erreichen, um sich jenseits des Jordan in Sicherheit zu bringen.

Doch die Brücken sind bombardiert, zerstört worden. Die verängstigten Frauen, Kinder und Männer werfen sich mit ihrem Bündel auf dem Kopf ins Wasser und versuchen den Fluß zu durchqueren, indem sie sich an die verbogenen und halb versunkenen Eisenträger klammern. Es sind Stunden der Hysterie, ganze Familien machen wieder kehrt und finden sich erneut auf den Straßen wieder. Auf der Suche nach Wasser und Nahrung irren sie verzweifelt umher, während der Sprecher von Radio Kairo weiterhin verkündet, der Sieg stünde kurz bevor. Inzwischen beginnen auch die Syrer von den Golanhöhen aus die Kibbuzim Galiläas zu beschießen. Am Freitag, dem 9. Juni, erhält

General Elasar von Moshe Dayan den Befehl zur Gegenoffensive. Die Schlacht um die Golanhöhen wird sechsunddreißig Stunden dauern.

Israel ist Sieger an allen Fronten. Nasser verläßt vermeintlich die Bühne des politischen Geschehens, indem er seinen Rücktritt erklärt. In Damaskus wird die Regierung von Nurredin al-Atassi wenige Monate später durch einen Luftwaffengeneral namens Hafis al-Assad gestürzt. Hussein von Jordanien stehen mit der Ankunft zahlloser heimatlos gewordener Palästinenser, welche die bereits vorhandenen, ohnehin schon überfüllten Flüchtlingslager aus allen Nähten platzen lassen, schwere Tage bevor. Israel lebt lange in der Euphorie seines Sieges und wird im Oktober 1973 vom Jom-Kippur-Krieg, der ihm einen hohen Preis abverlangen sollte, völlig überrumpelt werden.

In den besetzten Gebieten der Westbank beginnt man sich nach dem Rücktritt von Schuqairi, der sich als Führer der Palästinenser verstand, allmählich den Namen eines Mannes einzuprägen: Jassir Arafat. Er ist es, der die Organisation für die Befreiung Palästinas, die PLO, maßgeblich bestimmen und im Westjordanland sowie in Gaza Aktionen gegen Israel veranlassen wird. Die Palästinenser der Westbank und des Gazastreifens sind in eine Falle geraten, die achtundzwanzig Jahre fortbestehen wird. Achtundzwanzig Jahre wird die Stadt Nablus im Norden des Westjordanlands besetzt bleiben. Im Juni 1967 jedoch muß man sich der israelischen Besatzung gegenüber zunächst organisieren.

Ich war damals drei Jahre alt und habe von all diesen Schicksalsschlägen erst erfahren, als man sie mir später erzählte. Zu jener Zeit war ich nur ein verängstigtes Kind...

– 5 –

Als Kind hatte ich oft Angst. Nehmen Sie nur ein einfaches, aber von Symbolen befrachtetes Bild: die Tür. Für ein Kind stellt sie das Bollwerk zwischen den Schrecken der Straße, dem Unbekannten im allgemeinen, und dem Frieden im Innern eines Hauses, der schützenden Geborgenheit der Familie dar.

Ein Kind begreift sehr schnell, wann es sich in einer Situation der Unsicherheit befindet; es realisiert dies trotz der Gegenwart der Eltern. Es nimmt deren Verhalten, ihre Gespräche, ihr Geflüster wahr. Und das Gefühl, daß deine Eltern außerstande sind, dich zu beschützen, stürzt dich stets in tiefe Verzweiflung. Unsere Haustür konnte jeden Augenblick aufgestoßen werden und eine Horde schwerbewaffneter Soldaten hereinstürmen lassen, die häufig irgendwelche häßlichen Dinge auf arabisch brüllten. Sie durften alles durchsuchen und hatten sogar das Recht, meinen Vater oder meine Mutter einfach mitzunehmen. Wir wußten, daß uns das sowohl des Nachts als auch tagsüber passieren konnte. Das war das Gesetz der Besatzung. Ich behaupte das so, weil ich es selbst erlebt habe; aber ich bin ebenso überzeugt, daß diese Reaktion bei allen Kindern gleich ist, die in ähnliche Situationen geraten – welcher Rasse oder Religion sie auch angehören, zwischen welchen Konflikten in der Welt sie auch immer zerrieben werden. Aus dem Grund habe ich heute die humanitäre Vereinigung »Zukunft Palästinas« gegründet, der ich meine Zeit und meine Anstrengungen widme.

Diese permanente Furcht, die dem Kind begegnet und die es nicht zu artikulieren vermag, ist die verdorbene Frucht der Welt der Erwachsenen, eines sinnlosen Spiels, an dem sie gegen ihren Willen teilnehmen, wogegen ein »normales« Kind auf einfache Werte der Zuneigung und des Vertrauens fixiert ist. Sie verdrängen all das Gewalttätige, weil sie sich nicht durch befreiende Tränen davon lösen können. Sie müssen es für sich, tief in ihrem Innern verborgen, behalten; es verursacht ein wahrhaftiges psychisches Trauma mit noch nicht erforschten Folgen. Diese Entdeckung der Existenz zweier Welten – hier der meinen, die meiner Familie, meiner Freunde und dort der anderen, die der bewaffneten israelischen Soldaten in ihren Helmen – habe ich in ihrer ganzen Realität erst erfaßt, als ich fünfundzwanzig war.

Wir lebten damals in Nablus ...

Zwischen Wadis* und Tells** geschmiegt, taucht Nablus an der Biegung einer geschlängelten Straße inmitten der sanften Landschaft Samarias auf, deren Erde im Sonnenuntergang bronzefarben schimmert und die am Mittag flirrend unter der gleißenden Sonne liegt. Der Blick des beduinischen Hirten, der am Straßenrand kauert, folgt dem Umriß der Hügel, der mit Olivenbäumen, einigen rosablühenden Mandel- sowie Granatapfelbäumen bepflanzten Täler.

* Wasserloses Flußtal
** Ruinenhügel

Das jordanische Nablus war ein großer Marktflecken, in dessen hochgelegener Altstadt sich die Häuser ineinander verschachtelten, während die neueren Viertel mit Steinbauten und Gärten sich zu Füßen der stufenförmig angelegten Terrassen erstreckten. Das Nablus unter der israelischen Besetzung ist zu einer durch Tausende von Flüchtlingen angewachsenen Stadt und zudem zu einem Herd der Aufwiegelung und des Widerstandes gegen die israelische Herrschaft geworden. Nablus, die Rebellin – bereits im Altertum mußte Rom gehörige Anstrengungen auf sich nehmen, sie zum Gehorsam zu zwingen.

Diverse Zwischenfälle, Attentate, Anschläge mit Handgranaten, Demonstrationen von Frauen waren seit 1967 praktisch an der Tagesordnung.

An jenem Tag hatten sich die Einwohner von Nablus in ihren Häusern verschanzt, auch die Tawil, meine Familie. Wir bewohnten ein hübsches Haus im Viertel Rafidya. Mein Vater Daud war Bankier und leitete die Zweigstelle der Osmanischen Bank, deren Aktivitäten infolge der Besetzung stark nachlassen sollten. Raymonda, meine Mutter, erzog ihre fünf Kinder, vier Mädchen und einen Jungen – Diana, Leila, Suha, Hala und Gaby –, wie es in einer griechisch-orthodoxen Familie üblich war, im ehrfurchtsvollen Glauben an Christus.

Die griechisch-orthodoxen Christen des Orients gehören dem Patriarchat Jerusalem an. Diese aus dem Schisma von 1054, dem Bruch mit dem Heiligen Stuhl, hervorgegangene Glaubensgemeinschaft ist eine der ältesten des Orients. Ihr derzeitiger Patriarch ist Seine Seligkeit Diodorus.

Die Geschichte unserer Familie ist seit dem Zeitalter der Kreuzfahrer untrennbar mit der von Palästina verknüpft. Diese Vergangenheit war von Kriegen, Trennungen und Wiedervereinigungen mit den Juden oder den Muslimen geprägt.

Während sie ihre Kinder weiterhin großzogen, machten sich meine Mutter und viele andere Frauen seit der Besetzung des Westjordanlands die palästinensische Sache zu eigen. Bei ihrem Kampf vermischten sich im übrigen Nationalbewußtsein und die Befreiung der Frau. Raymonda Tawil wird als »La Pasionaria«* von Nablus betrachtet. Sie scheut nicht davor zurück, einer von orientalischen Formalismen dominierten Gesellschaft die Stirn zu bieten, in der die rückständige Situation der Frau manchmal bedrückender ist als die Besatzung.

Bei geschlossenen Vorhängen und Fensterläden hatten meine Eltern die über Lautsprecher verkündeten Weisungen der israelischen Soldaten befolgt: »Bleibt daheim. Ihr dürft eure Häuser nicht verlassen. Über die Stadt wurde die Ausgangssperre verhängt. Auf Zuwiderhandelnde wird sofort geschossen.«

Ein Jahr nach dem Sechstagekrieg war die Grenze zu Jordanien keineswegs hermetisch abgeriegelt. Immer wieder gelang es todesverachtenden Fedajin, den »sich selbst Aufopfernden«, den Jordan zu überqueren und nach Israel einzusickern, um mit ihren Komplizen vor Ort Angriffe auf israelische Soldaten, aber auch terroristische Gewaltakte gegen

* Dolores Ibárrui Gómez, spanische Politikerin und Widerstandskämpferin gegen das Franco-Regime

Zivilisten zu verüben, was ihrer Sache schadete. Die verschiedenen palästinensischen Gruppierungen waren damals dabei, sich radikal umzustrukturieren, junge Männer sollten die ältere Generation hinwegfegen, die vollends unter Kuratel der arabischen Länder stand. Von 1957 an machte eine neue Organisation mit palästinensischen Studenten an der Spitze von sich reden. Sie nahm den Namen Fatah an und gewann allmählich an Macht, bis sie 1968, insbesondere unter dem Vorsitz von Jassir Arafat sowie Abu Iihad und Abu Ijad, zur bedeutendsten politisch-militärischen Bewegung Palästinas wurde.

Tatsächlich ist es eine irrige Annahme, der palästinensische Widerstand in den besetzten Gebieten habe erst mit der Intifada begonnen – auch wenn diese wohl insofern am wirkungsvollsten war, als sie einem wirklichen Volksaufstand entsprach.

Von den frühen sechziger Jahren an traten die Palästinenser wie all jene Organisationen der dritten Welt, die finanziell und militärisch vom Ostblock unterstützt wurden, als revolutionäre Bewegung auf. In ihren Anfängen versuchte die Fatah, die vom mittlerweile unabhängig gewordenen Algerien unter Ben Bella anerkannt wurde, sich dem beherrschenden Einfluß Ägyptens, dessen Truppen den Gazastreifen besetzt hielten, zu entziehen. Jassir Arafat und seine Gesinnungsgenossen begannen zunächst damit, Kämpfer zu rekrutieren und militärisch auszubilden. Arafat hatte im Verlauf des Krieges von 1956 in der ägyptischen Armee gedient und war in den Spezialgebieten Minenräumung und Sprengstoffe ausgebildet worden – Fähigkeiten, die sich für seine zukünftige Karriere in einer Befreiungsbewegung als nützlich erwiesen. Mit Eifer und Geschick knüpfte er Verbindungen zu Untergrundnetzen in den arabischen Hauptstädten, wo die »Widerstandskämpfer« sich großer Sympathien erfreuten, und zu denen in den Elendslagern der Flüchtlinge. Die militärische Ausbildung fand in aller Öffentlichkeit in Jordanien statt und gipfelte schließlich in den ersten Aktionen auf den besetzten Territorien.

Natürlich schauten die Israelis nicht tatenlos dabei zu, und auch der Konflikt mit Jordaniens König Hussein begann sich bereits abzuzeichnen. Er sah diese Unruhestifter, die von seinem Staatsgebiet aus und, da das Westjordanland seit seiner Annexion durch König Abdallah im Jahre 1948 der Krone der Haschemiten unterstand, auch innerhalb seiner Grenzen einen Krieg führten, nicht sonderlich gerne. Die Fedajin mußten sich demnach bei ihren Operationen doppelt wachsam zeigen: Auf dem Hinweg bekämpfte sie die israelische Armee, und auf dem Rückweg bekamen sie es mit jordanischen Soldaten zu tun (der erste erschossene Fedajin ging zu Lasten von Soldaten der Arabischen Legion Jordaniens).

Ich hörte die Hubschrauber über der Stadt kreisen. In den menschenleeren Straßen gingen Jeeps und Lastwagen voller Soldaten in Stellung. Die Stadtausfahrten waren mit Straßensperren abgeriegelt. Infolge von Angriffen des Widerstands in Beit Furik und Nablus, wo eine Patrouille unter Granatbeschuß geriet, führten die Israelis eine klassische Absperroperation durch. Die Ausgangssperre sollte drei Tage andauern.

Bei Nacht wie bei Tage schossen die Israelis auf Scheinziele. Damit beabsichtigten sie, uns in Schrecken zu versetzen und ihre Entschlossenheit, uns bei Zuwiderhandlungen zu bestrafen, vor Augen zu führen. In Nablus begannen sie vom Hauptplatz in der Nähe des Marktes aus mit einer systematischen Durchsuchung der Stadt. Sie drangen nacheinander in alle Häuser ein. Von ihren Nachrichtendiensten wußten sie, daß der maßgebliche Mann, den sie als Anstifter all dieser Widerstandsaktionen aufspüren müßten, ein gewisser Dr. Abu Mohammed sein sollte: eines der Pseudonyme, die Jassir Arafat seit seinen Anfängen benutzt. Sein Name war in der breiten Öffentlichkeit noch kaum bekannt, doch Shin Beit – der Inlandsgeheim- und Sicherheitsdienst Israels – verdächtigte ihn, von der Westbank aus Guerillaoperationen zu leiten. Moshe Dayan hatte die Treibjagd persönlich überwacht. In Anbetracht der umfangreichen Maßnahmen, welche die Israelis anwandten, waren wir überzeugt, daß es sich bei den in der Region aktiven palästinensischen Fedajin um eine schlagkräftig und zahlenmäßig starke Gruppe handeln mußte.

Nach drei Tagen waren die Widerstandskämpfer entdeckt, unter ihnen auch die Gebrüder Hawasch aus Nablus. Sie wurden während des anschließenden Feuergefechts getötet. Ihrer Politik der kollektiven Bestrafung entsprechend, ordnete die israelische Militärverwaltung die Zerstörung ihres Hauses an. Dies geschah systematisch und ohne Einspruchsrecht. Davon war jeder, der unter Verdacht stand, einem Terroristen Unterschlupf zu gewähren, und seine Eltern betroffen. Auf die Art sind in Samaria vom 11. Juni 1967 bis zum 5. April 1969 2653 Häuser mit Dynamit gesprengt worden.

Aus Angst, von Schüssen durch die Fenster getroffen zu werden, hatten wir all die Tage über auf dem Fußboden liegend verbracht. Wir konnten nicht vor die Tür gehen. Meine Mutter machte sich dies zunutze, um uns die Vergangenheit Palästinas zu schildern. Indem ich die Augenblicke der Angst überwand, begann ich, meine Identität zu entdecken. Unsere Mutter erzählte uns die Geschichte Palästinas wie einen richtigen Roman – ihren eigenen Roman. Sie berichtete von einer Kindheit inmitten der entstehenden israelischen Gesellschaft in der Zeit direkt nach dem Krieg von 1948 und dann, von 1957 an, auf der anderen Seite des Mandelbaumtors, unter den im jordanischen Jerusalem im Exil lebenden Palästinensern. In ihren Schilderungen versuchte Raymonda uns aufzuzeigen, daß die israelische Gesellschaft sich hinter zwei Gesichtern verbarg. Da war einmal das Gesicht der Unterdrückung mit ihren unerbittlichen Soldaten, gegen die wir Widerstand leisten und kämpfen sollten, und dann jenes andere Gesicht: das einer pluralistischen, vor allem im Hinblick auf die Frau weit freiheitlicheren Gesellschaft, das uns anzog. Meine Mutter war die einzige Palästinenserin in Nablus, die Hebräisch sprach, und die einzige Frau, die ein Auto fuhr.

Sie setzte ihre große Hoffnung darauf, daß die Israelis sich eines Tages der Existenz unseres Volkes bewußt und unsere Rechte anerkennen würden. Ihre Aktionen waren von einer ungeheuren Entschlossenheit geprägt. Sie widersetzte sich den Befehlen der Militärverwalter, indem sie Demonstrationen veranstaltete; doch ihre wichtigste Waffe war die Presse. Sie lud die Journalisten, die Diplomaten ein, sich selbst von den tagtäglichen Schikanen durch die Besatzer zu überzeugen. Unser Haus verwandelte sich zusehends in einen Versammlungsraum, in einen

Konferenzsaal, der jenem Teil der israelischen Linken offenstand, der vor der Wirklichkeit nicht die Augen verschloß, diese Unterdrückungsmethoden ablehnte und bestrebt war, eine friedliche Lösung des Konflikts zu finden.

Bei den Versammlungen waren wir Kinder immer anwesend. Während wir zuhörten – was für uns eine Form politischer Bildung darstellte –, mußten wir Tee, Kaffee und Gebäck auftragen. Manchmal hatten wir so viele Leute zu Gast, daß wir den türkischen Mokka in großen Töpfen zubereiteten. Meine Mutter wollte uns zwei wesentliche Werte einprägen: unsere Zugehörigkeit zum palästinensischen Volk und die geistige Offenheit, die uns erlauben sollte, zu gegebener Zeit einen Dialog ohne Konzessionen mit unseren Feinden zu führen. Uns bereitete diese Haltung einige Schwierigkeiten, vor allem als Raymonda von der Militärverwaltung bezichtigt wurde, die öffentliche Ordnung zu stören, und dafür vierzig Tage lang ins Gefängnis mußte. Anschließend wurde sie für mehrere Monate in unserem eigenen Haus unter Arrest gestellt. Ihre Aufrufe gegen die Besetzung und für Palästina waren in der ganzen Welt gehört worden.

Unsere Gesprächsrunden mit Gebäck und heißen Getränken wurden zunehmend aufwendiger. Dutzende von bekannten Persönlichkeiten machten in Nablus, in Raymondas Haus, halt, darunter einige israelische Abgeordnete, die sich auf hitzige Debatten einließen.

Der Präsident des jüdischen Weltkongresses, Nahum Goldmann, hatte einen langen Meinungsaustausch mit Mama. Er war davon überzeugt, daß dem Krieg ein Ende gemacht und endlich begonnen werden müsse, zu gegenseitigem Verständnis zu gelangen, um über den Frieden zu sprechen. Am Tag seines Besuchs hatte die israelische Armee rund um unser Haus beachtliche Kräfte aufgeboten. Für dieses eine Mal war die Maßnahme jedoch nicht gegen uns gerichtet, es ging vielmehr darum, den Schutz Nahum Goldmanns zu gewährleisten: Sie befürchteten nämlich, er könnte Opfer einer Entführung werden.

Nahum Goldmann war ein Mann, der mit unbedingter Treue zu seinem Wort und seiner Freundschaft stand. Als Raymonda 1976 ins Gefängnis geworfen wurde, zögerte mein Vater nicht, ihn anzurufen und um Hilfe zu bitten. Er hat sein möglichstes versucht, um uns zu helfen, und Druck auf die Regierung Israels ausgeübt, damit meine Mutter schnellstmöglich wieder freigelassen würde.

So wurde unser Haus zum bevorzugten Ort zwar noch recht unausgegorener Gespräche, denen jedoch das Verdienst zukam, daß sie überhaupt geführt werden konnten. Man sah bei uns etliche Persönlichkeiten ein und aus gehen, wie etwa den Abgeordneten und Herausgeber der israelischen Zeitung *Haolam Haze* Uri Avnery, den Experten für arabische Angelegenheiten Eliezer Berri, Mario Soares, den zukünftigen Präsidenten von Portugal, den Philosophen Herbert Marcuse, Eric de Rothschild, einen Berater von François Mitterrand, Jean-Paul Sartre und Simone de Beauvoir und viele andere mehr.

Da war auch noch Lord Carradon, jener britische Diplomat, der die berühmt-berüchtigte Resolution 242 des UN-Sicherheitsrates verfaßt hat. Sein Besuch gab Anlaß zu einem recht drolligen Zwischenfall, und das wegen mir! Des öfteren hatte ich von dieser »242« reden hören, die damals als nicht vorteilhaft für die Palästinenser erachtet wurde. Lord Carradon saß in einem der Sessel im Salon, und als ich mich ihm mit meinem Gebäck näherte, wiederholte ich ohne Umschweife das, was ich über ihn und seine Resolution aufgeschnappt hatte: »Carradon nicht gut, nicht gut Carradon.«

Wenigstens waren die Dinge somit klargestellt, und die Diskussion zwischen meiner Mutter und ihm konnte am richtigen Punkt ansetzen ...

Das Haus war zu einer Art Attraktion geworden. Busse voller Menschen hielten vor unserer Tür an, um diese Palästinenserin, die sich so vehement in allen Medien zu Wort meldete und sich von der israelischen Besatzungsmacht nicht im geringsten einschüchtern ließ, zu sehen.

Gleichwohl wurde meine Mutter von Palästinensern kritisiert, die nicht verstanden, daß sie einwilligte, derart viele Israelis, »Feinde«, bei sich zu empfangen. Als sie dann für annähernd vier Monate unter Arrest gestellt wurde, mußte sie im Haus bleiben, ohne auch nur zur Terrasse hinaufsteigen zu dürfen, um die Sonne zu genießen. Diese für die ganze Familie beschwerliche Situation löste eine Welle großer Solidarität aus. Sie konnte nicht vor die Tür? Also kamen die Leute zu ihr. Um die Besucher zu kontrollieren und namentlich zu registrieren, hatten die Behörden einen palästinensischen Polizisten abgestellt, der seine Aufgabe nicht zu bewältigen imstande war, ohne lange Schlangen zu verursachen. Dieser Polizist war im übrigen ein anständiger Kerl, er gab sein Amt auf. Statt ihn vor unserer Tür sitzen zu lassen, luden wir ihn vielmehr regelmäßig zu einem Kaffee bei uns ein. Er war ganz versessen auf eine ägyptische Fernseh-Seifenoper-Serie im Stil von *Dallas*; nicht eine Episode verpaßte er davon. Man kann sich die Verblüffung eines israelischen Offiziers auf Patrouillengang vorstellen, als er den Polizisten nicht auf seinem Posten antraf, an unsere Tür klopfte und ihn mit einer Tasse Kaffee in der Hand vor dem Fernseher sitzen sah!

Trotz solcher lustigen Momente verloren wir manchmal den Mut. Nichts veränderte sich in unserem Alltag, und die Kundgebungen der Heranwachsenden wurden noch immer mit der gleichen Brachialgewalt niedergeschlagen. Allzuoft fielen Jugendliche, Knaben wie Mädchen, unter den Kugeln von Soldaten, die im gleichen Alter waren wie ihre Widersacher und deren Eltern wir manchmal bei uns empfingen.

Ich erinnere mich an einen kleinen Jungen, der so alt war wie ich, nämlich zehn ... Seine Mutter, Naomi Gal, eine israelische Journalistin der Linken, kam häufig zu Besuch. Und während unsere Mütter sich unterhielten, spielte ich mit David, so hieß er mit Vornamen. Ich fand ihn sehr süß und sympathisch. So verstrichen die Jahre, wir waren indessen von Nablus nach Ramallah umgezogen ... Eines Morgens erhielten wir einen Brief von unserer lieben Freundin, der Journalistin. Darin gab sie uns zu verstehen, daß ihr Sohn seinen Militärdienst in der Westbank ableistete, und bat uns dafür inständig um Entschuldigung. Ich muß gestehen, ich persönlich war zutiefst entrüstet bei dem Gedanken, daß dieser kleine Junge, David, mit dem ich doch als Kind gespielt hatte, eines Tages im Verlauf einer Demonstration auf mich schießen könnte. Seine Mutter erklärte uns, daß es ihm unmöglich gewesen sei, sich dem Einsatz zu verweigern. Einerseits war der Brief sehr bewegend wegen seiner Aufrichtigkeit und seines Bemühens um Verständnis, um Rechtfertigung – doch stand mir andererseits das Bild von David vor Augen, der mir eines Tages in Militäruniform gegenüberstehen und auf mich zielen könnte. Was würde er tun?

Die gewaltsame Niederschlagung mancher Kundgebungen, nicht zu reden von der späteren Intifada, hat in einem Teil der israelischen Gesellschaft eine wahre Protestwelle hervorgerufen, doch das reichte uns nicht: Dieser wohlgesinnten Regungen ungeachtet, handelte es sich um unsere Brüder und Schwestern, die allen Entschuldigungen zum Trotz getötet wurden. Auch heute bin ich noch immer schockiert über die permanente Doppelgesichtigkeit jener Menschen, die einem die Hand der Freundschaft reichen und im nächsten Augenblick ihr schußbereites Gewehr hochreißen.

— 6 —

Die Zeit nach dem Kriegsende von 1967 hatte Palästinensern wie Israelis gewissermaßen einen politischen Stromschlag versetzt. Es offenbarte sich ihnen eine einfache und doch so schwer zu begreifende Tatsache: die Existenz des jeweils anderen. Die Palästinenser entdeckten eine tabuisierte Welt, deren Vorhandensein zuvor verschleiert worden war. Allein den Namen »Israel« auszusprechen, konnte in einem arabischen Land extreme Folgen haben, die bis zur Bezichtigung der Spionage oder der Kollaboration mit dem Feind reichten. Auf den Landkarten war dieser von den Vereinten Nationen anerkannte Staat nicht dargestellt, sein Name ausradiert, getilgt. Um es mit gewissen arabischen Ländern nicht zu verderben, schlossen sich manche europäischen Verleger und sogar internationale Luftfahrtgesellschaften dem Boykott an. Tel Aviv existierte nicht, obgleich die 1901 gegründete Stadt im Jahr 1967 300 000 Einwohner zählte.

Für diesen Mangel an Realismus zahlte die arabische Welt einen hohen Preis. Auf diplomatischer Ebene wurden dabei manche Opportunitäten vernachlässigt; sie hätten Kriege verhindern, aber auch jenen territorialen Chauvinismus Israels unterbinden können, den seine aufeinanderfolgenden Regierungen unerschütterlich aus Sicherheitsgründen für notwendig erachteten.

Nach dem Sechstagekrieg fanden sich mehr als eine Million Palästinenser, die sich auf Judäa, Samaria, Jerusalem und den Gazastreifen verteilten, unter israelischer Verwaltung wieder. Die Israelis wurden dadurch mit der Existenz von Männern, Frauen und Kindern konfrontiert, die nicht ausschließlich »Araber« waren, wie es die Juden seit Beginn des Jahrhunderts annahmen, sondern eine Bevölkerung mit einer eigenen, an diese Dörfer, die Berge, den Sand, das Land, wo sie seit jeher lebten, geknüpften Geschichte. Israel hat den Widerstand der Palästinenser, ihre Verweigerung, sich zu unterwerfen, schließlich wahrgenommen. Bei ihnen handelte es sich jedoch nicht mehr bloß um von der Natur der Sache her destrukturierte, entwurzelte Bewohner von Flüchtlingslagern, sondern um Dörfler, um Bauern und um eine palästinensische Elite, deren Eltern 1948 in der Hoffnung geflüchtet waren, eines Tages wieder heimzukehren. Moshe Dayan dachte, eine auf Wirtschaftsbeziehungen gegründete Politik würde es Israel ermöglichen, diese Bevölkerung ohne große Mühe zu integrieren und zu kontrollieren. Das Prinzip dabei war die Aufrechterhaltung von Verbindungen mit Jordanien, eine Politik der offenen Brücken. Die allmähliche Integration sollte mit Hilfe der israelischen Wirtschaft durch die Öffnung des israelischen Arbeitsmarktes vonstatten gehen, dem es an billiger Arbeitskraft, insbesondere im Baugewerbe, mangelte.

Dieser ökonomische Beitrag vermochte zwar die Steigerung des Lebensstandards der Palästinenser zu ermöglichen, jedoch den durch die Okkupation äußerst aufgereizten Nationalismus nicht zu ersticken, der in Attentaten und dem Krieg der Steine kulminieren sollte. Der Jom-Kippur-Krieg im Jahr 1973 wurde insbesondere zu einer Auseinandersetzung mit den arabischen Staaten Syrien und Ägypten. Dabei ging zum Teil der Mythos von der vernichtenden Unbesiegbarkeit Israels verloren. Obwohl es letztlich bei diesem Krieg militärisch die Oberhand behielt, ist Israel mit einem tiefen Trauma aus ihm hervorgegangen.

Für die Palästinenser schlug die Hoffnung der ersten Tage dieses Konflikts, in denen sich die arabischen Armeen zunächst einige Vorteile erkämpften, rasch wieder um. Dieser Krieg war nicht der ihre; die besetzten Gebiete, in denen Ausgehverbot herrschte, wurden keineswegs von einem Aufflammen des Widerstands aufgerührt, das gegnerische Kräfte hätte binden und insofern die arabischen Soldaten entlasten können. Die Palästinenser erwachten erst wenig später, im Jahre 1974, aus ihrer Unentschlossenheit, als Arafat, seine berühmte Kefijeh auf dem Kopf und wie immer in Militärjoppe, die Pistole an der Hüfte und einen Olivenzweig in der Hand vor den Vereinten Nationen in New York jene Rede hielt, die dem zukünftigen Palästina die Türen zur internationalen Bühne aufstoßen sollte.

Am 13. November 1974, nach einer scharfen verbalen Attacke gegen Israel, wandte sich Arafat mit jenen eindringlichen Sätzen an das UN-Auditorium: »Heute kam ich hierher, in einer Hand den Ölzweig und in der anderen Hand das Gewehr der Revolution. Laßt den grünen Zweig nicht aus meiner Hand fallen ... Von Palästina flammt der Krieg auf, und von Palästina nimmt der Frieden seinen Anfang.«*

Die Rede Jassir Arafats, die von allen Radio- und Fernsehsendern der Welt und insbesondere von denen in Nahost

* Zitiert nach G. Konzelmann, *Arafat*. Lübbe, Bergisch Gladbach 1993, S. 256

übertragen wurde, löste bei den Palästinensern eine ungeheure Begeisterung aus. Zum erstenmal hatte der Mann, der zum unbestrittenen Führer des Widerstands geworden war, sich vor den Vertretern aller Nationen äußern können. Er hatte die palästinensische Identität bezeugt und die Hand ausgestreckt, während er gleichzeitig seine Entschlossenheit demonstrierte, den Kampf fortzusetzen.

In Nablus, wo die gesamte Bevölkerung Arafats Rede mit Freude und Stolz verfolgte, wurde von jungen Gymnasiastinnen und Gymnasiasten sogleich eine Kundgebung organisiert. Die Demonstration artete sehr schnell aus, die Israelis reagierten mit Warnschüssen in die Luft; Diana, die ältere Schwester Suhas, wurde geschlagen und niedergeknüppelt. Das Szenarium war mittlerweile schon zur Routine geworden: Die älteren Jugendlichen, vor allem die Jungen, wie Gaby, Suhas Bruder, gingen reihum zu allen Schulen und nahmen dabei die jüngeren Schüler in ihre Mitte, bevor sie durch die Straßen zogen.

Arafats Rolle innerhalb der PLO war mir nunmehr klar: Er wurde zum historisch entscheidenden Mann, der sein Volk befreien würde. Wie alle anderen Jugendlichen verfolgte auch ich am Radio seine Aktivitäten, seine Reisen durch die ganze Welt. Er verlieh dem palästinensischen Volk eine gewisse Würde; wir lauschten seinen Reden. Im Fernsehen sah man ihn die Flüchtlingscamps von Beirut besichtigen, die bewaffneten Kräfte organisieren. Er richtete Botschaften an die Bewohner des Westjordanlands, er forderte, das Volk solle sich selbst befreien. Wir waren bei ihm – in Bild und Ton – während des Libanonkrieges, bei seinen internationalen Treffen, etwa mit

Breschnew, Castro und etlichen anderen. Er lebte nun im Alltag mit uns, sein Bild als großer Führer prägte sich den Kindern ein. Ich wußte, daß Mama ihn kannte und ihn sogar in Beirut getroffen hatte; doch es war zu gefährlich, darüber zu sprechen, selbst mit ihren allerengsten Freunden.

Doktor Bichara hat mich am 17. Juli 1963 im französischen Krankenhaus von Jerusalem als viertes Kind unserer Familie in die Welt geholt. Diana war die Älteste, Gaby, mein Bruder, das zweite Kind, Leila das dritte und endlich Hala das letzte. Meine Mutter war bemüht, uns eine strenge und gute Erziehung zu geben. Wir wurden in einer Ordensschule von Nonnen unterrichtet, die einer an Rom gebundenen Kongregation angehörten. Ich war eine ausgezeichnete Schülerin, sehr strebsam, fast immer die erste, von einem ruhigen Temperament und einer großen Halsstarrigkeit. Stets und gerne hilfsbereit, war ich damals ein richtiges kleines Mustertöchterchen. Alle Welt nannte mich bei meinem Spitznamen, »Sussu«, oder, um sich über meine Barmherzige-Schwester-Seite lustig zu machen, »Marie-Thérèse«. Als Bankdirektor war mein Vater Daud in Nablus ein geachteter Mann. Wenn ich mit meinen Schwestern aus der Schule kam, suchten wir ihn in seinem Büro im Erdgeschoß der Bank auf, wo ich mir die Zeit mit dem Malen von Blumen vertrieb. Am späteren Nachmittag brachte Mama uns dann zur Notenkunde, zur Klavier- oder Tanzstunde. Wir versuchten ein normales Leben zu führen, was manchmal recht schwer war.

All die Jahre, die wir unter der Besatzung mit Blick auf die israelische Gesellschaft zubrachten, haben uns auf wirtschaftlicher Ebene genötigt, uns einer »Schekel-Zone« (die der israelischen Währung) anzupassen. Zahlreiche Palästinenser stiegen jeden Morgen in Omnibusse, um sich in die großen Städte Israels zu begeben und dort zu arbeiten. Ihre Reise zur anderen Seite der Grenzlinie war für sie eine Erfahrung, die in deutlichem Gegensatz zu dem stand, was sie bis dahin in der arabischen Welt erlebt hatten, in der die politischen Freiheiten weitgehenden Beschränkungen unterlagen. Uns gegenüber – was im übrigen die Stärke der Bindung des jüdischen Volkes an seine israelische Identität ausmachte – präsentierte sich Israel als ein demokratisches Staatswesen mit einer Regierung, die zu politischen Handlungen ermächtigt war, wobei diese jedoch zuvor von einem durch allgemeine Wahlen zustande gekommenen Parlament sanktioniert werden mußten. Der politische Pluralismus und die Redefreiheit – von den militärischen Fragen abgesehen – waren absolut, kein Bürger kam dort für Gesinnungstaten ins Gefängnis – außer, selbstverständlich, es handelte sich um Palästinenser.

Indessen zögerten gewisse Kreise in Israel nicht, für die Belange der Palästinenser einzutreten, insbesondere für die Rechte jener, die im Gefängnis saßen. Rechtsanwälte wie Felicia Languer trotzten der öffentlichen Meinung, die in ihrer Gesamtheit zutiefst zionistisch und »annexionistisch« war – zumindest in der Anfangszeit der Besetzung. Neben anderen Kollegen gelang es ihr manchmal, ihren Mandanten vor den Gerichten zum Sieg zu verhelfen und die fundamentalen Prinzipien der Menschenrechte als wesentliche Werte zu behaupten. Häufig waren es große Kämpfe, doch allemal die Mühe wert, ausgetragen zu werden, weil sie die israelische Gesellschaft ganz allmählich nötigten, sich der Realitäten bewußt zu werden und sich weiterzuentwickeln. Und letztlich führten sie zum Entstehen einer Bewegung wie Schalom Achschaw (Peace Now, »Frieden jetzt«).

Von unserer Warte aus bemerkten wir die Aufspaltung der israelischen Bevölkerung in zwei Gruppen: die der europäischen Juden, der Aschkenasim, auf der einen Seite und die der orientalischen Juden, der Sephardim, auf der anderen, die eine ärmere, etwas verächtlich behandelte Schicht bildeten. Diese reagierte zunehmend mit Anwandlungen von Gewalt auf das eher aschkenasische Establishment. In den siebziger Jahren entstand die Organisation der Schwarzen Panther, eine Auflehnung der Ausgestoßenen unter den Juden orientalischer, vor allem marokkanischer Herkunft.

Entgegen unserer damaligen Auffassung fiel die Verständigung zwischen Palästinensern und orientalischen Juden nicht leichter. Möglicherweise litten sie unter Minderwertigkeitsgefühlen und wollten diese mit einer deutlich größeren Entschlossenheit als jener der Juden aus Europa kompensieren. Ein Teil der Wählerschaft des Likud-Blocks, der Rechten, war aus orientalischen Ländern eingewandert. Dennoch ist es uns unter Beachtung der Gegebenheiten ganz allmählich gelungen, eine Diskussion innerhalb israelischer Bevölkerungsteile in Gang zu setzen, die unsere Nöte verständnisvoll und vor allem unsere Existenz tagtäglich wahrnahmen. Genau das hat meine Mutter immer erhofft. Der Ausbruch der Intifada Ende 1987 ist, von diesem Gesichtspunkt aus betrachtet, der entscheidende Faktor gewesen, der tatsächlich die Wende brachte. Die Israelis sind militärisch, aber auch auf der internationalen Bühne geschwächt worden. Steine werfende Halbwüchsige gegen bewaffnete Soldaten mit Helmen auf dem Kopf vermittelten ein negatives Bild von Israel, sowohl außerhalb als auch im Innern des Landes. Diese Sichtweise Israels durch die Israelis selbst gab mithin den Ausschlag für die Akzeptanz des Friedensprozesses und die Verdrängung der Falken – für das Hochkommen der Linken mit Rabin und Peres und den Niedergang der Rechten von Schamir.

Aber auch das Augenmerk, das die Palästinenser nun auf Israel richteten, hatte einen positiven Aspekt: die Entdekkung der Rolle der Frau. Die palästinensischen Frauen sollten sich schon bald trotz des Gewichts der Traditionen und der zögerlichen Haltung der Männer weiterentwikkeln. Die Mädchen und Jungen – wir, die Jugendlichen –, wir demonstrierten Seite an Seite für unser Land; und das war kein geringer Kampf. Mehr noch hat jedoch das Gefängnis den kämpfenden Frauen die große Kluft zwischen Schmach und Sieg aufgezeigt. Schmach, bei den Vernehmungen Männern gegenüberzusitzen, bisweilen geschlagen und gedemütigt zu werden – aber auch Sieg, weil die Inhaftierung, wenngleich sie überaus hart war, den Frauen die unumstößliche Gewißheit verlieh, daß sie existierten und sie, indem sie dem Besatzer die Stirn boten, dazu auch gegenüber ihren Vätern oder Brüdern fähig sein würden. Die Revolution Palästinas und die Evolution der Frau wurde für uns zu ein und demselben Kampf: Es handelte sich in doppelter Hinsicht um den Kampf um unsere Würde. Frauen in den Kundgebungen, Frauen in der bewaffneten Aktion, Frauen im Gefängnis, Frauen im Gewehrfeuer der Soldaten. Die erste im Verlauf einer Demonstration getötete Frau war eine meiner Freundinnen aus Nablus: die damals fünfzehn Jahre alte Lina Naboulsi.

Die Auflehnung der Mädchen fand in den Augen der Väter, die bei einer Verhaftung gezwungen waren, sie im Hauptquartier der Militärkommandos abzuholen, nicht immer Billigung. Aus ihrer männlichen Perspektive drohte dies alles ihre Töchter zu entehren und ihre Vermählung zu erschweren. Doch die Mädchen wurden damit auch zu Heldinnen, und dieselben Männer mußten nach und nach die alten Prinzipien und Bräuche verwerfen. Als die neue Rolle der Frau schließlich teilweise akzeptiert war, verwischten sich die sektiererischen Traditionen. Die erste Frauenkundgebung fand 1968 in Nablus statt, nachdem die Israelis gezielt mehrere Mitglieder des Widerstands verhaftet hatten, darunter auch ungefähr dreißig junge Frauen im Alter um die Zwanzig. Einige von ihnen wurden brutal geschlagen, vielleicht sogar gefoltert. Um ihre Freilassung zu erwirken, marschierten mehrere tausend Frauen durch die Straßen von Nablus. Die wichtigsten Anregungen erhielt diese Bewegung von der Union Arabischer Frauen, die von Hadja Andalib al-Amad geleitet wurde. Raymonda nahm Verbindung zur israelischen und internationalen Presse auf sowie zu fortschrittlichen Persönlichkeiten und Organisationen der israelischen Gesellschaft, wie etwa Uri Avnery, den sie in Israel kennengelernt hatte und der sich für die Rechte der Juden arabischer Abstammung einsetzte. Dies war ein Schock für die

Bevölkerung, die sich jedem Kontakt mit den Israelis verweigerte. Die Journalisten kamen an jenem Tag in großer Zahl nach Nablus, und meine Mutter hat mir später den Anblick jener jungen Frauen mit verschleierten Gesichtern geschildert, die sich nicht scheuten, ihre Röcke zu lüften, um vor den Kameras die Spuren der Schläge und vielfachen Prellungen zu zeigen.

Am Nachmittag desselben Tages organisierte sich eine weitere Protestaktion von Frauen, die Demonstrantinnen wurden abermals von den Soldaten verprügelt und schließlich auseinandergetrieben. Diesmal jedoch waren Journalisten dabei, und Bilder dieser unbeugsamen palästinensischen Frauen gingen um die ganze Welt. Wir waren »unbeugsame« Mädchen und Frauen, aber auch Aktivistinnen – ein weiterer Status, den wir angestrebt hatten.

Gemeinsam mit meiner Schwester Hala ging ich bei den Ordensschwestern vom Heiligen Rosenkranz in die Schule, einer wegen der Qualität ihres Unterrichts ausgezeichneten Lehranstalt, in der man allerdings jene jungen Mädchen nicht schätzte, die auf den Straßen demonstrierten. Sie versuchten uns daran zu hindern, die Jungen zu den Kundgebungen zu begleiten, doch es gelang ihnen nicht. Irgendwann einmal kam mein Bruder Gaby mit seinen Freunden, um uns zu einem Protestmarsch mitzunehmen. Die Schwestern riefen meinen Vater an und baten ihn, doch in die Schule zu kommen und uns zu veranlassen, wieder in unsere Klassenräume zurückzukehren und den Unterricht aufzunehmen. Mein Vater, dieser gelassene Mann, dessen Frau derart engagiert war, versuchte, als ruhender Pol mäßigend auf die Familie einzuwirken. So fand er sich vor uns und einem Teil der Schüler der Anstalt ein. Die Schwestern erklärten ihm das Problem; doch statt uns aufzufordern, wieder in die Klasse zurückzukehren, hielt er uns mitten auf dem Pausenhof über eine Stunde lang einen meisterhaften Vortrag über Palästina, wobei er hervorhob, daß wir, wenn wir schon demonstrieren wollten, es mit Überzeugung tun sollten. Die Lehrer und das Direktorat waren bestürzt über die Kühnheit dieses Vaters, der seine Töchter anspornte, dem zu folgen, was ihr Gewissen ihnen diktierte.

Ein andermal traf meine Mutter das Los, in die Schule zitiert zu werden: Da Hala erneut den Unterricht wegen einer Demonstration geschwänzt hatte, erklärte die äußerst verdrossene Direktorin meiner Mutter, daß diesmal das Maß voll sei und es nun wegen Halas Disziplinmangel unmöglich sein würde, sie weiter zu behalten. Kurz gesagt: Hala sollte von der Schule verwiesen werden. Die Reaktion meiner Mutter war prompt und kompromißlos: »Wenn dem so ist, nehme ich meine beiden Kinder von der Schule.«

»O nein!« antwortete die Oberin. »Suha nicht! Sie ist die Beste der Klasse.«

»Schwester, entweder Sie behalten beide oder keine. Da Sie Hala nicht mehr wollen, werden beide in eine andere Schule gehen.«

Was auf der Stelle geschah. Ich verließ die Schwestern vom Heiligen Rosenkranz und ging von da an in die Lehranstalt Saint-Joseph, eine Gemeinschaftsschule.

Nach einer Reise durch Amerika, wo meine Mutter eine Reihe von Vorträgen über die Situation der Palästinenser in den besetzten Gebieten gehalten hatte, ließen wir uns in

Ramallah nieder, das näher bei diesem Jerusalem lag, das uns, unseren Herzen so nah war und die Sinnbilder unseres Status als Palästinenser barg: die Omar-Moschee für die Muslime und das Heilige Grab für die Christen. Schon als kleines Kind wußte ich, was sie für Millionen von Männern und Frauen in der ganzen Welt bedeuteten.

Jerusalem – diese mit Mysterien befrachtete Stadt, die Stadt Gottes, aber auch die von Menschen, die sich seit jeher gegenseitig zerfleischten, sich bekriegten, um sie in ihren Besitz zu bringen. Einige hundert Quadratmeter, die soviel Unheil, aber auch soviel Glückseligkeit, so viele Bezeugungen jenes Glaubens heraufbeschworen, der unseren Religionen gemein ist.

Jerusalem – welch furchtbare Anziehungskraft üben deine Steine aus, die im Laufe des Tages und der Nacht, von der Morgendämmerung bis zum Sonnenuntergang, beständig die Farben wechseln und selbst in tiefster Nacht dank der goldenen Kuppel der Omar-Moschee noch unterm Mondschein glänzen ...

Eingeschlossen in ihren Wehrmauern, die Suleiman der Prächtige im Jahre 1540 erbauen ließ, ist Jerusalem eine Heilige Stadt, die jedoch zugleich im Rhythmus des Alltags schwingt. Sie ist keine zu Stein erstarrte Kultstätte, die man besucht, um sich inmitten von kalter Pracht andächtig zu sammeln, sondern eine pulsierende Stadt mit ihren Fußgängern, ihren Händlern, ihren Düften: etwa dem der Minze, der sich mit denen von Gewürzen und gegrillten Fleischspießen vermengt. Ein Bouquet mannigfacher Gerüche, Anblicke und Geräusche, die den Besucher bestürmen und alle Sinne erbeben lassen, eine Mischung aus Andacht und heidnischen Lüsten. Unter den Steinen von heute liegen die Steine von gestern: eine immer wieder an derselben Stelle, auf denselben Hügeln errichtete, zerstörte, wiederaufgebaute Stadt.

Wenn die Omar- und die Al-Aksa-Moschee auch heutzutage heilige Stätten des Islam sind, so machten die Chorherren des Augustinerordens und die kriegerischen Rittermönche der Templer sie im 12. Jahrhundert zu ihren Bastionen. Genau hier hatte Herodes den großen Tempel Salomos neu errichten lassen. Die osmanischen Moscheen ragen über den Fundamenten fränkischer Kirchen empor, die Synagogen des Herodes über den Resten römischer Tempel; jeder Eroberer wollte zerstören, um auszulöschen.

Doch in Jerusalem läßt sich nichts auslöschen ...

Ich liebte es, ganz allein durch die Straßen Jerusalems zu spazieren. Die israelischen Soldaten, denen ich dabei begegnete, waren gleichsam durchsichtig, sie vermochten den Glauben nicht zu verdecken, den die Pilger hier zu finden hofften. Was nur wenige Kinder in der Welt sich ausmalen können, das erlebte ich tagtäglich: ein lebendiges Jerusalem. Es entsteht ein mächtiges sinnliches Band mit dieser Stadt, wenn man über sie in den Geschichtsbüchern oder in der Bibel liest und sie anschließend wirklich durchstreifen, an jeder der erwähnten Stätten verweilen kann.

Am Karfreitag nahmen wir an der großen Prozession teil, die den Leidensweg Christi nachvollzieht. Zu beiden Seiten von den Nonnen und Priestern begleitet, eine Kerze in der Hand und das Hohelied singend, ging ich gemeinsam mit all meinen kleinen, weißgekleideten Kameradinnen den Kreuzweg vom Marientor, dem Löwentor, bis zum Heiligen Grab.

Tausende von Christen aus der ganzen Welt kamen eigens nach Jerusalem, um den Spuren Christi zu folgen. Wir aber, wir konnten dies alle Tage tun.

Via Dolorosa, die vierzehn Stationen des Leidenswegs Jesu, bis zur Kreuzigung und der Grablegung, nach der er am dritten Tag auferstand. Wir gingen an einer der schönsten Kirchen Jerusalems, Sankt Anna, und dem Betesdateich vorüber. Dabei kam uns folgender Satz des Johannesevangeliums in den Sinn: »In diesen Hallen lagen viele Kranke, darunter Blinde, Lahme und Verkrüppelte.« An dieser Stelle hat Christus eines seiner Wunder vollbracht, die Heilung des Gelähmten. Die Sankt-Anna-Kirche ist für mich von großer symbolischer Bedeutung, zudem zeugt sie von jener religiösen Toleranz, wie sie in Jerusalem Vorrang haben müßte. Sankt Anna wurde von den Franken erbaut, die ab 1099, nach der Eroberung Jerusalems durch Gottfried von Bouillon, über die Stadt herrschten. Ein Jahrhundert später, nämlich 1192, als Saladin und seine Reiter sich Jerusalems bemächtigten, wurde die Annenkirche zur Moschee umgewandelt. 1856, nach dem Krimkrieg, schenkte der damalige Gebieter über Jerusalem, der türkische Sultan, das Gotteshaus der französischen Regierung, die es restaurieren ließ und den Weißen Vätern übergab. Diese Kirche ist heute im Besitz der französischen Regierung und genießt Exterritorialität.

In Jerusalem finden sich mehrere Kirchen, mehrere Bauwerke, die seit Jahrhunderten ausländischen Kongregationen gehören. Die Spezifität dieser Stadt muß auf jeden Fall bewahrt werden, sie ist Teil des Kulturerbes der Menschheit.

Doch es ist unmöglich, von Jerusalem zu sprechen, ohne seine politische Problematik mit einzubeziehen. Jerusalem wird heute von den Israelis als ihre Hauptstadt betrachtet, ist jedoch 1967 schlicht und einfach annektiert worden. Für Palästinenser und Israelis wird ein Tag kommen, an dem sie sich tatsächlich mit dem Status der heiligen Stadt werden befassen müssen. Dabei geht es um einen der kniffligsten Punkte zukünftiger Verhandlungen. Sicher gibt es die heiligen Stätten der Juden, aber auch die der Muslime und der Christen. Man wird Genialität an den Tag legen müssen, um eine Lösung zu finden. Dies ist unbedingt erforderlich, wenn wir erleben wollen, daß der Frieden endgültig Fuß faßt.

Nach dem ersten israelisch-ägyptischen Krieg von 1948 und der Schlacht, die hier zwischen den jüdischen Heeren und der Arabischen Legion wütete, wurde Jerusalem geteilt. Jordanien annektierte die Altstadt und verhinderte zwischen 1948 und 1967 jegliche jüdische Wallfahrt zur Klagemauer. Nach 1947 hätte Jerusalem, dem Teilungsplan der Vereinten Nationen entsprechend, mit einem internationalen Status versehen und zu einer Art offenen Stadt werden sollen – mit einer weder Israel noch Palästina, sondern einem Drittland anvertrauten Verwaltung.

– 7 –

Am Abend kehrten die Palästinenser dann wieder heim in ihre Dörfer im Westjordanland oder im Gazastreifen, in die traurigen, stillen, dunklen Straßen ohne öffentliche Beleuchtung, die nur die durchfahrenden Militärpatrouillen belebten. Nablus sank früh in tiefen Schlaf, denn die Einwohner der Westbank oder des Gazastreifens mußten, außer bei Sondergenehmigung, Israel um 19 Uhr wieder verlassen.

Die Stadt erwachte dafür schon in aller Frühe; jeden Tag machten sich Tausende von Palästinensern ab fünf Uhr morgens auf den Weg, um an der Umgestaltung der israelischen Städte und Dörfer mitzuwirken – der krasseste Gegensatz zu unserer eigenen Existenz. Wir lebten in Reservaten, aus denen sich billige Arbeitskraft schöpfen ließ. Die Diskussion um dieses Thema wurde in den Familien manchmal recht hitzig ausgetragen: Sollten wir in Israel arbeiten und uns somit an den Bauvorhaben beteiligen, die es möglich machen würden, noch mehr jüdische Einwanderer aus Rußland, Äthiopien oder von anderswoher aufzunehmen? Eine solche Streitfrage war um so heikler, als diese Männer, diese Väter, diese Söhne ja ihre Familien ernähren mußten. Die sozialen Strukturen des Westjordanlands waren zusammengebrochen, und die Politik der offenen Brücken erwies sich als ungenügend für die Aufrechterhaltung eines unabhängigen Wirtschaftslebens. Zwei einfache Lösungen boten sich uns an: entweder regelmäßig Hilfsgelder von Familienmitgliedern erhalten, die in reichen arabischen Ländern im Exil lebten, und damit für immer in der Situation von Unterstützungsempfängern verharren, oder das Überleben durch den Schekel – die israelische Währung – akzeptieren. Manchen sehr armen Familien, die davon träumten, das Land zu verlassen, blieb im übrigen keine Wahl: Bevor sie ihr Glück in der Fremde machen konnten, mußten die Kinder zuerst einmal eine schulische Ausbildung mit Abschluß hinter sich bringen. Die Eltern waren zu harter Arbeit gezwungen, um all diese langen Schulzeiten zu bezahlen, welche die Grundlage kommenden Wohlstands sein sollten.

Bei uns waren die Straßen stark ausgefahren und es herrschte städtebaulicher Wildwuchs. Nur wenige Kilometer hinter einer an militärischen Kontrollposten erkennbaren Barriere verhöhnte uns die lebendige Betriebsamkeit der Straßen von Tel Aviv, Haifa und Jerusalem, die Cafés, die Restaurants, die Kinos der Jaffa- oder der Dizengoffstraße. All die Städte, die sich verwandelten, moderner wurden. Jerusalem weitet sich unmäßig auf annektierten Grund und Boden aus, so daß ein Gürtel von wie Pilze emporschießenden Trabantenstädten rund um den historischen Kern entsteht. Das angestrebte Ziel dabei ist, die Unumkehrbarkeit der Okkupation festzuschreiben, welche im Juni 1980 vom israelischen Parlament, der Knesset, bedenkenlos verabschiedet wurde, als sie Jerusalem einseitig zur Hauptstadt des Staates Israel bestimmte. Doch auch von arabischer Seite her lassen wir die Bedeutung Jerusalems nicht außer acht. König Hassan II. von Marokko ist Präsident des Al-Quds-Komitees. Seine Beziehungen zu führenden israelischen Kreisen hindern ihn nicht daran, in dieser Hinsicht große Entschlossenheit an den Tag zu legen. Er unterstützt die Palästinenser weiterhin mit unermüdlicher Kraft bei ihrem Kampf.

Paradoxerweise rief diese israelische Gesellschaft sonderbare Gefühle in uns hervor – eine Mischung aus Ablehnung und unwiderstehlicher Anziehungskraft: Wir wollten sie sehen, jene Städte entdecken, deren Namen unseren Eltern als permanente Bezugspunkte dienten, Städte, die sie hatten verlassen müssen.

Ich wußte, daß mein Vater allen Verboten zum Trotz einige Wochen nach dem Kriegsende von 1967 mit einem seiner Freunde eine große Reise gewagt hatte – eine Fahrt von anderthalb Stunden und ungefähr hundert Kilometern –, um seine Geburtsstadt Jaffa wiederzusehen. Er wahrte lange Zeit Stillschweigen über diese Eskapade.

Als ich sieben Jahre alt war und allmählich begann, die Dinge besser zu verstehen, kletterte die ganze Familie eines Morgens in unseren alten Wagen, einen Hambar. Wir kehrten Nablus für einen Tag den Rücken. Wir bogen auf die Straße nach Jerusalem und zur Küste ein, vorgeblich um dort baden zu gehen, in Wahrheit aber, um Jaffa zu sehen. Dank dieser Reise sollte die Vergangenheit meiner Familie väterlicherseits Gestalt annehmen; ich habe nämlich keinen meiner Großeltern gekannt.

Jaffa Road, die Hauptverkehrsader des jüdischen Stadtteils von Jerusalem, war damals noch keine Einbahnstraße und noch nicht allein den Bussen vorbehalten. Die Autos bahnten sich ihren Weg durch die Fußgänger, deren Strom auf die Fahrbahn überschwappte. Dies war nicht die schillernde und geordnete Verkehrsader, die wir uns vorgestellt hatten, sondern eine Straße, die sich mit jeder x-beliebigen in irgendeiner arabischen Stadt vergleichen ließ. Etwas erstaunte uns jedoch: die Polizistinnen nämlich, die für die Verkehrsregelung zuständig waren. In ihren kurzen Khakiröcken und den Blusen, die Uniformmützen auf den Köpfen, wußten sie sich Respekt zu verschaffen. Sobald ich eine von ihnen erblickte, konnte ich mich nicht zurückhalten, sie anzustarren. Da zeigte sich der erste Unterschied zwischen unserer Gesellschaft und der ihren, diese sonderbare Freiheit und die Emanzipation dieser jungen Frauen, die sich der Flut von Autos mutig entgegenstellten. Mama, so feministisch wie immer, versäumte nicht zu bemerken: »Wenn unsere Frauen erst die Möglichkeit haben, aus der männlichen Vormundschaft herauszutreten, werdet ihr schon sehen, was sie aus Palästina machen werden!«

Dieser Gesichtspunkt der zukünftigen Rolle der Frau schien meinen Vater kaum zu begeistern, der nur »Das sehen wir noch« grummelte. Er wagte jedoch nicht, sich auf eine von vornherein verlorene Diskussion mit meiner Mutter und den vier Töchtern einzulassen.

Von der Jaffa Road bogen wir in die Landstraße ein, die zum Meer hinunterführt. An der Böschung und den Bushaltestellen standen junge Männer und Frauen: israelische Armeeangehörige, die per Anhalter fuhren. Wir verstummten. Es war zwar keine Genehmigung mehr erforderlich, um durch Israel fahren zu dürfen, doch unser Nummernschild war weiß, wies uns automatisch als Bewohner des Westjordanlands aus. Mein Vater wußte, daß bei einer Straßensperre an der Stadtausfahrt eine erste

Kontrolle vorgenommen werden würde. Angesichts der gebieterischen Handbewegung des Soldaten hielten wir sofort an, gefügig ging mein Vater den Kofferraum öffnen. Es war nichts Verdächtiges drin, er setzte sich wieder hinter das Lenkrad. Mit einem forschenden Blick auf die ganze Familie erteilte uns der Soldat die Erlaubnis zur Weiterfahrt – eine gefährliche Reise auf einer schmalen Straße. Wir ließen das arabische Dorf Abu Ghosh zu unserer Linken hinter uns, das wir bereits kannten, da wir dort die wunderschöne, von den Kreuzfahrern erbaute Kirche schon einmal besichtigt hatten. Jedes Jahr findet hier ein Festival christlicher Musik statt. Der Priester, der sich damals um diese romanische Kirche kümmerte, stammte aus Frankreich. Ich erinnere mich nicht mehr an seinen Namen, aber alle Dorfbewohner nannten ihn den »Chinesen«. Wenn ich es richtig verstanden habe, hatte er einen Großteil seines Lebens als Missionar in China verbracht. Er empfand eine wahre Leidenschaft für diese Kirche, eine Leidenschaft, an der er die wenigen Besucher teilhaben lassen wollte: Abu Ghosh ist vor allem eine muslimische Ortschaft. In der Krypta unter der Kirche entspringt eine Quelle, welche die Chroniken des ersten Kreuzzugs als die Quelle von Emmaus bezeichnen. Eine andere interessante Sehenswürdigkeit von Abu Ghosh ist die Kirche Notre-Dame-de-l'Arche-de-l'Alliance*, vor der eine riesige Statue der Muttergottes mit dem Jesuskind die Landschaft überragt. Dort soll sich der letzte bekannte Standort der Bundeslade, des Zeugnisses des Bundes zwischen den Hebräern und Gott, befunden haben.

* Unsre Liebe Frau von der Bundeslade *(Anm. d. Ü.)*

Diese Reise bedeutete für uns die Entdeckung von Orten, die unsere Eltern so häufig erwähnt hatten. Es waren gleichsam aufgeschlagene Seiten der Geschichte, die an uns vorübereilten.

Mein Vater redete, erzählte, und wir spürten, daß er ein tiefes Bedürfnis hatte, sich auszusprechen, als ob er uns etwas Geheimes anvertrauen wollte. Im Jahre 1916 geboren, hatte er diese Landschaften, diese Dörfer, diese Felder unter britischem Mandat erlebt. Seine Jugend war von der ersten Konfrontation zwischen dem aufkommenden Zionismus und dem beginnenden arabischen Nationalismus geprägt. Die Geschichte des Krieges von 1948 nahm von einer Straßenkurve zur nächsten ihren Lauf. Diese Landstraße (heute in eine Autobahn umgewandelt) trägt die Wunden der Belagerung von Jerusalem und der heftigen Gefechte, in denen sich Juden und Araber bei der Eroberung der Stadt im Jahre 1948 gegenüberlagen. An den Straßenrändern verrotteten hier und da die Wracks der behelfsmäßigen Panzerfahrzeuge, die von den Israelis während dieser Schlacht benutzt wurden. Ebenso viele Mahnmale, Grabsteine waren dem Andenken jener gewidmet, die hier unter den Angriffen der arabischen Truppen ihr Leben ließen. Die Version, die uns mein Vater von diesen Kämpfen schilderte, entsprach nicht der, die man auf israelischer Seite bot. Seine Helden waren Araber. Er berichtete uns von Abdel Kader Husseini, dem Oberkommandierenden der arabischen Streitkräfte in Palästina und Kämpfer von großem Mut, der die Neustadt von Jerusalem belagerte und im April 1948 getötet wurde. Er beschwor die Zwietracht herauf, die Streitigkeiten und den Neid unter den arabischen Anführern, dem Mufti Hadj Amin al-Husseini und Fauzi al-Kaukji, diesem Libanesen, der aus Tripoli gekommen war, um einen Teil der arabischen Armee zu befehligen.

Er sprach von Abdullah al-Tell, der eine herausragende Rolle spielte: Als Kommandant der Arabischen Legion in Jerusalem war jener, durch die britische Schule des Majors Glubb Pascha gegangen, ein ausgezeichneter Militär mit eiserner Disziplin. Von König Abdallah an die Front entsandt, gelang es ihm, die Angriffe von David Schaltiel, dem Befehlshaber der Haganah*, zurückzuschlagen.

Nach der Kapitulation der Handvoll Verteidiger des jüdischen Viertels von Jerusalem gewährleistete dieser unerbittlich korrekte Offizier den Schutz der Bewohner und der letzten jüdischen Kämpfer vor Plünderern und geleitete sie bis zum Übergang zur jüdischen Seite, wo sie gesund und wohlbehalten ankamen.

Welch ein eigenartiges Schicksal war doch diesem Abdullah al-Tell beschieden. Nachdem er mit Moshe Dayan das Waffenstillstandsabkommen von Rhodos unterzeichnet hatte, wurde er zum Militärbefehlshaber Jerusalems ernannt. Er war es, der gemeinsam mit seinem israelischen Pendant, eben jenem General Moshe Dayan, im Jahr 1948 die erste Begegnung zwischen einer israelischen Delegation und König Abdallah von Jordanien organisierte. Dieses und mehrere nachfolgende Treffen hätten nach einem Ge-

* 1920 gegründete militärische Organisation der Juden im britischen Mandat *(Anm. d. Ü.)*

bietsaustausch mit der Unterzeichnung eines Friedensvertrags zwischen Israelis und Jordaniern enden sollen. Doch Kommandant Abdullah al-Tell desertierte und floh nach Kairo, wo er den Wortlaut des israelisch-jordanischen Abkommens enthüllte, das insbesondere für Jordanien den freien Zugang zum Hafen von Haifa und für Israel den ungehinderten Schiffsverkehr im Golf von Akaba beinhaltete. Von den arabischen Staaten des Verrats bezichtigt, sah König Abdallah von Jordanien sein Vorhaben scheitern. Am 20. Juli 1951 wurde er schließlich während des Freitagsgebets in der Al-Aksa-Moschee ermordet. Kommandant Abdullah al-Tell stritt seine Beteiligung an diesem Attentat stets ab. In Abwesenheit zum Tode verurteilt, lebte er bis 1967 in Kairo. Nachdem er von König Hussein, dem Enkelsohn Abdallahs, begnadigt worden war, konnte er schließlich nach Amman zurückkehren.

Geheimtreffen zwischen führenden israelischen oder zionistischen Kreisen auf der einen Seite und jordanischen Persönlichkeiten oder arabischen Stammesfürsten der Arabischen Halbinsel auf der anderen fanden seit Beginn des Jahrhunderts in großer Zahl statt: Etliche Geheimnisse umgeben sie noch heute. Der zwischen Israel und Jordanien unterzeichnete Friedensvertrag wird vielleicht erlauben, den Schleier über diesen Beziehungen zu lüften und die dunklen Punkte dieses Konflikts aufzuklären.

Wenige Kilometer weiter führt die Landstraße von Tel Aviv nach Jaffa an Latrun vorbei, einem in mehrfacher Hinsicht geschichtsträchtigen Ort: Dort steht ein 1890 von französischen Trappisten gegründetes Kloster, das für seine an den überaus sonnigen Hängen angebauten Reben berühmt ist, die einen schweren Rotwein mit hohem Alkoholgehalt ergeben. Das Kloster wurde auf den Überresten einer Burg des Templerordens erbaut. Im 12. Jahrhundert lieferten sich Franken und Araber dort Schlachten. Die Burg diente sowohl Saladin als auch Richard Löwenherz als Stützpunkt bei der Verteidigung Jerusalems.

Latrun ist als Riegelstellung an der Straße nach Jerusalem von strategischer Bedeutung. Auf einem 260 Meter hohen Hügel gelegen, beherrscht sie den Eingang zu jenem Tal, das Zugang zur heiligen Stadt bietet.

Im Mai 1948 kam es hier zu fürchterlichen Gefechten zwischen der 7. jüdischen Brigade und einer Einheit des 4. Regiments der Arabischen Legion, die sich im Kloster verschanzt hatte – übrigens eine recht gut geführte Brigade, der bei ihren Operationen mehrere Panzer zur Verfügung standen.

Daud, mein Vater, tat damals gerade seine ersten Schritte bei der Osmanischen Bank in Jerusalem und in Amman. Vor Beginn des Krieges benutzte er regelmäßig diese Straße, wenn er sich nach Jaffa begab. Die Schlacht von Latrun war zweifelsohne die erbittertste und wichtigste des Krieges von 1948. Von Latrun hing der Ausgang dieses Konflikts ab. Die Israelis mußten die Neustadt von Jerusalem, in der die Juden lebten, mit Nahrungsmitteln und Munition versorgen. Die israelischen Konvois, welche die Blockade zu durchbrechen versuchten, wurden unablässig von unseren Truppen unter Feuer genommen. So versuchten sie dann bei Nacht unter beträchtlichen Verlusten, aber letztlich erfolglos durchzustoßen. Sicherlich kam es zu Exzessen, doch man muß auch von denen der

Israelis sprechen: von denen der Irgun*, der Stern-Gang, und vom Deir-Jassin-Massaker. Dieser fünf Kilometer lange Straßenabschnitt war Schauplatz eines grausamen Gemetzels. Es stand Beachtliches auf dem Spiel, da es dabei um jenes mythische Symbol von universaler Bedeutung ging: Jerusalem.

Tage des Kampfes, Geplänkel bei Nacht . . . Ben Gurion überwachte die Schlacht, vier oder fünf Offensiven wurden von den Israelis gestartet, die allesamt in einem Debakel endeten. Das Unternehmen endete mit einer Niederlage der 7. jüdischen Brigade mit dem Verlust von mehreren hundert Toten. Auf arabischer Seite war der Sieg von Latrun unstrittig. Mehrere Offiziere der Arabischen Legion zeichneten sich im Verlauf dieser Schlacht aus. Gleichwohl gelang es den Israelis, diesen Riegel über einen Ziegenpfad an einem Hügel entlang zu umgehen. Sie bauten eine notdürftige Straße unter Zuhilfenahme Hunderter von Freiwilligen. Dank dieser sogenannten »Birmanie-Straße« vermochten sie die Verbindung mit Jerusalem aufrechtzuerhalten.

Diese Schilderungen, die wir von unserem Vater hörten, erstaunten uns sehr, und wir fragten ihn, weshalb wir, die Palästinenser, so wenig von diesen Kämpfen wußten – ob sie nun in Siegen oder Niederlagen endeten. Mein Vater suchte ebenfalls nach den Gründen für dieses Schweigen.

»Ich glaube, daß die Araber und die Palästinenser jene Jahre als eine tiefe Verletzung erlebt haben«, erklärte er

* Radikale zionistische Untergrundorganisation, von Menachem Begin geleitet; die Stern-Gang (nach Abraham Stern benannt) war eine Splittergruppe unter Führung von Schamir *(Anm. d. Ü.)*

uns, »und statt ihre Niederlagen und ihre Irrtümer offen einzugestehen, zogen sie es vor, diese Ereignisse zu vergessen. Der Krieg, der insgesamt gesehen für sie verloren war, machte die Schwächen und Mängel dieser arabischen Staaten offenkundig, die mit der Blume im Gewehr auszogen, um Palästina zu befreien, und lauthals tönten, sie würden die Armee von Juden zum Frühstück verschlingen. Gleichzeitig befürchteten jene Staatsoberhäupter, jene arabischen Könige, ihre Macht unter dem wachsenden Druck der Bevölkerung zu verlieren, was einigen von ihnen dann trotzdem nur wenige Jahre später widerfahren ist: beispielsweise König Faruk und dem jungen König Faisal vom Irak. Wir haben unsere Häuser, unsere Gärten, unsere Felder verlassen und glaubten, wenige Stunden später wieder dorthin zurückzukehren. Ich kenne Familien in Jerusalem, die sind aufgebrochen und haben einfach nur ihre Haustür hinter sich abgeschlossen, weil sie überzeugt waren, sie würden am nächsten Tag wieder unter ihrem Dach schlafen. Außerdem, und das sollten wir nicht vergessen, war das Wohlwollen der Weltöffentlichkeit auf seiten der jüdischen Einwanderer. Der Krieg in Europa war soeben zu Ende gegangen, und die Alliierten hatten die grauenvollen Untaten der Nazibarbaren an den Juden entdeckt. Den Juden ein Land zu überlassen, war die Gelegenheit, sich ein gutes Gewissen zu erkaufen, und wir sind dann die Leidtragenden davon geworden. Der Staat Israel existiert, nun aber ist es an der Zeit, die Leiden der Palästinenser zu lindern.«

Die Landstraße, die wir befuhren, war sofort nach dem Ende des Krieges von 1967 wieder dem Verkehr übergeben worden: Es handelte sich um jenen Abschnitt von wenigen Kilometern, den die Israelis im Jahre 1948 nicht hatten einnehmen können. Der Stacheldrahtverhau zu beiden Seiten, der die Minenfelder abgrenzte, hinderte die Israelis nicht daran, die Straße mit Bulldozern zu verbreitern, insbesondere die Haarnadelkurve, an der zuvor die jordanische Straße endete.

Nachdem wir den Flughafen von Lod passiert hatten, fuhr mein Vater direkt nach Tel Aviv weiter. Er steuerte den Wagen sicher und schien die Straße genauestens zu kennen. Er erzählte uns, daß er auf ihr bereits mehrfach unterwegs gewesen war und das Tel Aviv von vor 1948 gut kannte. Er wohnte damals in Jaffa, einer hauptsächlich arabischen Stadt, und besuchte einen Hebräischkurs in Tel Aviv. Was wir nicht wußten, war, daß vor 1948 viele Araber und Juden trotz der anhaltenden gegenseitigen Gewalttätigkeiten in manchen Vierteln Tür an Tür zusammenlebten; und es geschah nicht selten, daß sich die Kinder beider Bevölkerungsgruppen gemeinsam auf ein und derselben Schulbank wiederfanden.

Dann gelangten wir in die Stadt, die für uns stets den Tempel des Zionismus verkörperte: Tel Aviv. Mein Vater fand sich gut zurecht, der Süden hatte sich praktisch nicht verändert. Tel Aviv besaß noch nicht sein heutiges Aussehen, man sah dort nur wenige Hochhäuser. Zur Küste hin, an der Havarqon Street, erhob sich ein sehr großes Hotel, das Dan. Wir wollten daran vorbeifahren, weil die Zeitungen berichtet hatten, daß die israelische Regierung und der Generalstab während des Sechstagekriegs dort untergebracht waren.

Ich spürte, wie unruhig mein Vater war, und wir ahnten

den Grund für diese Nervosität. Nachdem wir eine Zeitlang durch die Straßen von Tel Aviv gekurvt waren, mußte er sich nun endlich entschließen, das Ziel unserer Reise, Jaffa, anzusteuern. Da Jaffa und Tel Aviv Schwesterstädte sind, gehen ihre Grenzbereiche ineinander über. Zu Beginn des Jahrhunderts war Tel Aviv lediglich eine Art Anhängsel von Jaffa, das 70 000 Einwohner zählte. Wir folgten gemächlich der Küste, unsere Kinderblicke blieben an den Steinhaufen hängen, die wahrscheinlich einmal Häuser gewesen waren. Das gesamte Viertel um den Karmelmarkt, das von aus dem Jemen eingewanderten Juden bewohnt wurde, war völlig heruntergekommen. Nur die Hassan-Bek-Moschee mit ihrem zierlichen, zum Himmel strebenden Minarett stand starr und fest inmitten der Trümmer, so als hätten ihre Gläubigen sie nur wenige Stunden zuvor verlassen.

Die Küstenpromenade endete an dieser Stelle, und wir bogen nach links ab, um an einem kleinen Garten entlangzufahren, in dem angeblich Beduinen aus dem Negeb des Nachts Haschischhandel mit jungen Israelis betrieben. Wir waren erstaunt darüber, daß sich, wie mein Vater uns erklärte, nach zweiundzwanzig Jahren nichts verändert hatte. Seither wurde dieser Teil Tel Avivs in gigantischer Anstrengung in einen Mittelpunkt des internationalen Tourismus mit Luxushotels verwandelt.

Ein weiterer verblüffender Anblick war für uns die kunterbunte Vielfalt an wunderlichen Fahrzeugen: alte Autos jeglicher Marke und häufig klapprig, Motorräder mit Beiwagen aus dem Zweiten Weltkrieg, die zu Kleinwagen mit geschlossenem Innenraum umgebaut waren.

Der Blick von uns Kindern war der von Entdeckern, der

meiner Eltern eine sonderbare Mischung: Sie fühlten sich diesen Orten, diesen Stätten, diesen Häusern, die sie in ihrer Kindheit gekannt hatten, nahe und gleichzeitig so fern, so fremd.

Einfahrt von Jaffa, der Platz des Uhrturms. Die großen, zu Füßen des Turms errichteten Gebäude stammten aus der osmanischen Zeit und waren während des britischen Mandats in ein Gefängnis und in eine Polizeikaserne umfunktioniert worden. Mein Vater beschloß, den Wagen dort zu parken und zu Fuß weiterzugehen, um uns erst einmal das Händlerviertel zur Linken des Uhrturms, rund um die Siksik-Moschee, zu zeigen. Manche der Verkaufsnischen waren unversehrt und einige Eisenrolläden heruntergelassen: Niemand hatte sie in Besitz genommen. Eine lange, überdachte Straße war in einen Suk umgewandelt worden; dessen Läden boten vor allem kleinere Antiquitäten feil, die aus arabischen Häusern stammten.

Wir sprachen kein Wort. Unser Vater schien noch immer den Augenblick des Wiedersehens mit seiner Vergangenheit hinauszuzögern. Nachdem wir unter etlichen Vorwänden im Kreis herumspaziert waren, gab er sich endlich einen Ruck und führte uns zum Viertel al-Adjami, das nahe am Meer lag. Dort bogen wir von einer Straße in die andere, und er begleitete jeden unserer Schritte mit seinen Erläuterungen: die griechisch-orthodoxe Kirche des Sankt-Georg-Klosters, in der er lesen und schreiben gelernt hatte; der Fußballplatz, auf dem er mit seinen Freunden spielte, darunter einige Juden. Er hatte den Aufbau und die rasche Entwicklung von Tel Aviv und den Weggang seiner Kameraden miterlebt. Er hatte jene armen

Einwanderer eintreffen sehen, die herkamen, um hier eine »Heimstatt« zu errichten. Zu der Zeit verstand er die Bedeutung dieses von Lord Balfour ausgesprochenen Wortes noch nicht so recht.

Mit einemmal blieb er wie versteinert, verhext stehen, als sei er von einem Zauberbann getroffen worden. Ich stand neben ihm, er nahm instinktiv meine Hand und drückte sie sehr fest. Ich blickte zu ihm auf. Sein Gesicht war erblaßt, sein Blick starr.

»Da ist es ... Da ist es! In diesem Haus habe ich gewohnt, als Kind. Dieses Haus gehörte uns. Es war der Zufluchtsort unserer ganzen Familie. Beim Tod meines Vaters war ich erst zwei Jahre alt, meine Mutter hatte daraus den Mittelpunkt der Welt gemacht, den Sammelpunkt unseres Universums. Unehrliche Teilhaber meines Vaters, die Orangenpflanzungen besaßen, hatten uns bloß dieses Haus gelassen, und meine Mutter hat sich mit aller Kraft daran festgeklammert. Ich habe es 1940 verlassen, um in Amman zu leben. Ich habe acht Jahre im Hotel Philadelphia verbracht und während der Zeit in der Osmanischen Bank gearbeitet. Meine ganze Familie ist 1948 aus Jaffa weggegangen und zu mir nach Amman gezogen.

Der Konflikt mit den Israelis hat lange vor 1948 begonnen. Schon in den dreißiger Jahren streuten wir, die Bengel unseres Viertels, Nägel auf die Straße, die Jaffa mit Tel Aviv verband. Damit wollten wir die Reifen der von Zionisten gelenkten Wagen zum Platzen bringen. Wenn sie dann gezwungen waren anzuhalten, warfen wir Steine auf die Insassen. Wir begriffen bereits, welche Gefahr sie für uns darstellten. Ständig kam es zu Zwischenfällen.

Am 25. April 1948 haben die Irgun und die Haganah die

Stadt angegriffen. Nach vierzehn Tagen andauernden Gefechten blieben von den 70 000 arabischen Einwohnern nur noch 5000. Die anderen hatten sich aufgemacht, um die Flüchtlingslager von Gaza weiter zu vergrößern. Es folgten noch einmal zwei Wochen sehr schwere Kämpfe. Die Engländer forderten die Israelis auf, uns die Stadt zurückzugeben. Doch es war zu spät, in Jaffa hatten die Palästinenser praktisch aufgehört zu existieren. Unsere Häuser sind sogleich von neuen jüdischen Einwanderern in Beschlag genommen worden, die nach dem Abzug der Engländer und der Proklamation des Staates Israel durch Ben Gurion in Scharen herbeiströmten.«

Wir standen wie angewurzelt, stumm wie abgestorbene Bäume da und hörten meinem Vater vor diesem großen Haus zu, das sicherlich einmal sehr hübsch gewesen war, doch nunmehr unter mangelhafter Instandhaltung litt. Der Garten mit all seinen Obst- und Zitronenbäumen war noch immer genauso schön. Meine Mutter, die sich nicht leicht einschüchtern ließ, überredete meinen Vater, die Bewohner zu fragen, ob sie ihm vielleicht erlaubten, es mit uns besichtigen zu dürfen. Vater klopfte, ein Mann öffnete die Tür. Er willigte ein, uns hineinzulassen. Mein Vater führte uns, erläuterte uns alles: von der Küche über sein Kinderzimmer bis zum Schlafzimmer seiner Mutter. Er hatte Tränen in den Augen. Aus Stolz gegenüber den neuen Bewohnern wollte ich auf keinen Fall, daß er zu weinen begann; er sollte hocherhobenen Hauptes wieder hinausgehen. Im Garten dann konnte er sich nicht erwehren – wir befanden uns mitten in der Jahreszeit dafür –, um Erlaubnis zu bitten, eine der Früchte zu pflücken, die an dem Ast eines Orangenbaums hingen. Dabei handelte es sich jedoch eher um eine Art Bittgesuch. Er selbst hatte nämlich diesen Apfelsinenbaum zusammen mit seinem Onkel gepflanzt. Noch während wir daraufhin das Haus verließen, schälte er andächtig die Frucht und reichte jedem von uns ein Viertel. Er wollte uns an seiner glücklichen Kindheit und einer Gemütsbewegung teilhaben lassen, deren Intensität er mit Worten nicht auszudrücken vermochte.

Dann beschloß mein Vater, diesen Anfall von Nostalgie hinwegzufegen, indem er zum Mittagessen in eines der zahlreichen Fischrestaurants der Stadt gehen wollte, von denen manche noch immer von palästinensischen Arabern geführt wurden. Als wir am Tisch saßen, kam ein Gespräch mit dem Wirt in Gang, der die Familie meines Vaters vage kannte. Sie tauschten zunächst einige Höflichkeiten aus, bis mein Vater ihn fragte: »Du bist also geblieben?«

»Ja, ich komm' so zurecht, ich habe die israelische Staatsangehörigkeit. Und du bist fortgegangen?«

»Ja, ich lebe in Nablus, und ich habe die jordanische Staatsangehörigkeit.«

Die Unterhaltung hatte einen Dämpfer aufgesetzt bekommen. Ein gewisses Unbehagen stand plötzlich zwischen ihnen. Welcher von beiden hatte richtig gehandelt? Derjenige, der sich darauf eingelassen hatte, mit den Israelis zusammenzuleben, und sein Haus behalten konnte, oder der andere, der fortgegangen war und damit alles verloren hatte? Die Streitfrage war zu komplex, und die Wahrheit zu schwer zu finden. Mein Vater, der keine Lust verspürte, daß sich das Gespräch ewig in die Länge zog, rief dem Besitzer zu: »Wir sind alle Palästinenser! Trag uns deine besten Fische auf. Allah wird die Seinen erkennen. Die Hauptsache ist, daß wir noch immer da sind.«

Die Kommunikation zwischen Exilierten und jenen, die »israelische Araber« geworden waren, ließ sich manchmal nur mit Mühe in Gang bringen, doch mit den Jahren der Besatzung der Westbank und des Gazastreifens wurden diese Beziehungen zunehmend leichter und die Familienbande von neuem geknüpft. Die Palästinenser mit israelischem Paß wurden zu einer Art Verbindungsbrücke zwischen der israelischen Gesellschaft und der palästinensischen Bevölkerung im Exil oder in den besetzten Gebieten. Manche verließen Israel, wobei sie ihre Hebräischkenntnisse zum Nutzen der PLO einbrachten, andere wirkten für die Annäherung der Israelis und Palästinenser, indem sie vor allem den Dialog von Oslo förderten.

Nach einem kleinen Spaziergang durch das hübsch renovierte Künstlerviertel, das einen malerischen Eindruck machte mit seinen Ateliers und seinen gepflasterten Gäßchen, in denen sich Israelis und Touristen drängten, mußten wir aufbrechen, um vor 19 Uhr wieder das Westjordanland und die trostlosen Straßen von Nablus zu erreichen. Auf dem Rückweg schlief ich an der Schulter meiner Schwester Diana ein und hatte einen merkwürdigen Traum, bei dem sich das Märchen von Aschenbrödel und Jaffa vermischten. Dort fand ein großer Ball statt. Mein Vater war der Prinz und verfolgte mich mit einer Apfelsine, die sich in eine Kutsche verwandelte.

Jaffa hatte mich betört; wir sind mehrere Male dorthin zurückgekehrt. Unsere Suche nach entschwundenen Gespenstern quer durch Israel, durch das Palästina meiner Eltern, haben wir noch weiter fortgesetzt. Die nächste Fahrt war nach Akko, der Geburtsstadt meiner Mutter, geplant. Sie hatte so oft von ihr gesprochen, und ihre Beziehungen zu der Stadt waren derart gefühlsbetont, daß wir fürchteten, dieser Besuch könnte zu einer Tragödie werden.

– 8 –

»Von diesem Hügel hängt das Schicksal des Abendlandes ab«, hatte Napoleon ausgerufen, während er durch sein Fernrohr das einstige Akkon, das Saint-Jean d'Acre der Kreuzfahrer, betrachtete, das er anschließend während zweiundsechzig Tagen vergebens belagern sollte. Von seinem Traum getrieben, ein Orientreich mit Ägypten als Mittelpunkt zu gründen, stieß General Bonaparte auf die Festungswälle des damaligen Akka, dessen erbitterter Verteidiger ein grausamer türkischer Janitschar bosnischer Herkunft war, welchen man mit Beinamen al-Djezzar, »den Schlächter«, nannte. Al-Djezzar war ein Verbündeter Englands. Die Flotte des Sir Sydney Smith versenkte die vor der Reede geankerten französischen Schiffe und entzog Napoleon damit die Unterstützung ihrer Kanonen. Bonaparte hob die Belagerung auf und trat den Rückzug nach Ägypten an, von wo aus er sich dann nach Frankreich einschiffte, um ein ganz anderes Heldenstück zu vollbringen.

Der erste Berater Djezzars war ein Jude namens Haim Farhi, der später von dessen Nachfolger geköpft wurde. Der Ururgroßvater von Raymonda, Suhas Mutter, war Eigentümer der Burg von Montfort, die er dem Sohn von Djezzars Vorgänger, Scheich Dahir al-Umer, abgekauft hatte. Akko, dessen Geschichte und die der Familie Hawa waren Suha folglich recht vertraut.

Akko war uns schon eher bekannt, und das sogar recht gut. Wir hatten zwar nie zuvor den Fuß in diese Stadt gesetzt, doch Mama hatte uns schon etliche Male die dramatische und erstaunliche Geschichte ihrer Kindheit erzählt. Sie wollte ihre Stadt, ihre Straßen, ihre Festungsmauern, wiedersehen. Sie hatte bis zu ihrem siebzehnten Lebensjahr in Akko, Nazareth und Haifa mit Israelis zusammengelebt. 1948, als der Krieg ausbrach, war sie erst acht Jahre alt. Von da an sollte sich ihr Leben, das Leben eines kleinen Mädchens, grundlegend verändern und sie mit der Zeit in ein fortwährendes Dilemma geraten, innerlich hin- und hergerissen zwischen der neuen israelischen Gesellschaft, die gerade im Begriff war, sich mit ihren abendländischen Werten zu etablieren, und ihrer eigenen Situation als Palästinenserin, die einer anderen Gesellschaft, einer – was Frauen betrifft – konventionellen, einengenden Volksgemeinschaft angehört.

Um uns nach Akko zu begeben, durchquerten wir diesmal, wiederum mit unserem Hambar, das Westjordanland auf direktem Weg in Richtung Norden: nach Jenin, Afula, Nazareth. Meine Mutter brannte vor Ungeduld, jener Stadt zu begegnen, in der sie nach der Scheidung ihrer Eltern schwere Zeiten durchgemacht hatte. Ich konnte mir meine Großmutter gut vorstellen, sie hieß Christmas – ein sonderbarer Vorname ... Sie war in Amerika zu Beginn dieses Jahrhunderts als Tochter palästinensischer Auswanderer zur Welt gekommen und später nach Palästina in das Heimatdorf ihres Vaters, Kfar Jassif, zurückgekehrt. Als emanzipierte Amerikanerin war sie nach ihrer Heirat mit den Familientraditionen in Konflikt geraten. Sie konnte die Last der Situation der Frau im Orient nicht ertragen.

Wenngleich christlich erzogen, mußte sie zu ihrem Leidwesen feststellen, daß hier nur das Gesetz des absoluten Gehorsams gegenüber dem Mann galt. Sie ließ sich scheiden, eine dramatische Trennung, bei der gemäß dem osmanischen und von den Briten beibehaltenen Gesetz die Obhut ihrer Kinder – meine Mutter Raymonda und deren beide Brüder, meine Onkel Georges und Yussef – ihrem Ehemann zugesprochen wurde. Ihre Tochter konnte sie erst in der Folge der Kämpfe von 1948 wiedersehen.

Ein weiteres Mal hatten wir unser Getto verlassen und unmittelbar Fühlung mit Israel aufgenommen. Dieses gesamte Gebiet im Norden Palästinas, Galiläa, war uns kulturell gesehen sehr nahe wegen der zu jener Zeit überwiegend arabischen und auch christlichen Einwohnerschaft. Die griechisch-orthodoxe Gemeinschaft hatte großen Einfluß. Galiläa ist eine der denkwürdigsten Landschaften der Christenheit, da Jesus dort gelebt hat. Meine Mutter beschrieb uns diese Stätten um Nazareth, etwa die griechisch-orthodoxe Gabrielskirche, wo nämlich die Quelle der Jungfrau Maria in einem Brunnen entspringt, an dem der Gottesmutter der Erzengel Gabriel erschien*, sowie jene berühmte griechisch-katholische Kirche, die auf den Mauern einer Synagoge erbaut wurde – vielleicht auf denen der alten Synagoge von Nazareth –, in der Jesus sich während eines jüdischen Gottesdienstes, an dem er mitwirkte, als der Gesandte Gottes zu erkennen gab. Sogleich wurde er übel beschimpft, der Gotteslästerung bezichtigt und schließlich auf die Straße geworfen. Hierauf soll er dann

* Nach griechisch-orthodoxer Tradition *(Anm. d. Ü.)*

jenen so berühmten Satz gesagt haben: »Der Prophet gilt nichts im eigenen Land.«

Laut dem Teilungsplan von 1948 der Vereinten Nationen sollte dieses großartige, herrlich zerklüftete und bewaldete Gebiet wieder an den Staat Palästina zurückfallen. Meines Erachtens nach bleibt es mit seinen Moscheen, Kirchen und Synagogen einer der spirituellen Mittelpunkte, wo sich das Verständnis für den anderen und die gegenseitige Achtung zwischen Israelis und Palästinensern festigen könnten.

1948 wüten heftige Gefechte um und innerhalb Nazareths. Im Keller eines der Klöster der Stadt drückt die achtjährige Raymonda sich an die Ordensschwestern, während draußen schweres Geschützfeuer tobt. Sie ist von ihrem Vater in dieses Kloster gegeben worden, damit sie jene unwürdige Mutter vergißt, die sich der Autorität des Familienoberhauptes widersetzt hat und die Herrschaft des Mannes nicht anerkennt. Obendrein hat ihre ganze Umgebung ihr eingeredet, daß Christmas, ihre Mutter, gestorben sei. Später dann, als von ihrem Vater, der das Schul- und Kostgeld bezahlte, keine Nachrichten mehr eintreffen und man vermutet, daß er bei den Kämpfen gefallen ist, wird sie in die Abteilung für Waisen überstellt. Christmas jedoch, mit ihrem unverwüstlichen Temperament, ist quicklebendig! In Akko hat sie sich dem Roten Kreuz als freiwillige Krankenpflegerin zur Verfügung gestellt. In großer Sorge wegen der Kämpfe, die Tausende von Flüchtlingen auf die Straßen des Libanon treiben, schließt sie sich einem Hilfskonvoi an, bis sie an der Klosterpforte eintrifft und nach ihrer Tochter verlangt. Den erhaltenen Anweisungen entsprechend, lehnen die

Schwestern ihre Forderung ab. Sie beharrt, droht, die Klostertüren von bewaffneten Kräften aufbrechen zu lassen, setzt schließlich ihr Recht durch und nimmt ihre Tochter an sich.

Raymonda hatte uns zum wiederholten Mal in allen Einzelheiten dieses unvergeßliche Wiedersehen geschildert. Den Augenblick, in dem sie plötzlich wieder eine Mutter hatte, die sie nach Akko mitnahm, wo sie zu hören bekamen, daß ihr Vater, statt die israelische Besetzung zu erdulden, es vorgezogen hatte, in den Libanon zu fliehen, wo er eine Zeitlang als vermißt galt.

Im Auto griffen wir die ewige Diskussion um die Gründe der Flucht wieder auf, eine gute Gelegenheit für eine neuerliche Lektion von seiten meiner Eltern in Sachen Nationalismus: »Die arabischen Oberhäupter jener Zeit hatten überhaupt nichts begriffen. Sie vertrauten den abendländischen Mächten und vor allem England, das ein ruchloses Doppelspiel trieb. Mit der rechten Hand stützte es die Araber und mit der linken Hand die Zionisten. Die Engländer glaubten, auf diese Weise die Geburt Israels einerseits und andererseits die Schaffung eines Königreichs Jordanien zu fördern. Vergeßt nicht, daß die Könige von Transjordanien und des Irak Brüder waren und daß es da, über ihre Blutsbande hinaus, noch das Erdöl des Irak und der Golfländer gab. Seit dem Ende des Ersten Weltkriegs haben die Engländer den Traum von einem großen arabischen Staat geträumt, den sie kontrolliert hätten. Sie wollten eine Art Empire von eigenen Gnaden wiedererrichten, das vom Mittelmeer bis zum Persischen Golf reichen sollte. Die jeweiligen nationalen Voraussetzungen und vor allem die Palästinenser ließen sie dabei völlig außer acht. Was die Demokratie betrifft, praktizierten sie diese zwar bei sich selbst, aber nicht bei den Arabern. Und was die Israelis angeht, so erhielten diese zunächst ihre Unterstützung, weil Balfour die bewußte Deklaration über eine ›jüdische Heimstatt‹ formuliert hatte. Das brachte sie in ziemliche Verlegenheit. Anschließend haben sie Israel Beistand geleistet, um Amerika mit seiner mächtigen jüdischen Lobby nicht zu verärgern . . .«

Die elterliche internationale Analyse ging folgendermaßen weiter: »Die Sorge für unsere Verteidigung oder um Verhandlungen hätte man nicht anderen übertragen dürfen. Das palästinensische Volk muß sein Geschick selbst in die Hand nehmen. Wenn wir die Notwendigkeit dieses Schrittes begreifen, wird unsere Sache vorankommen. Wie wird die Politik der PLO aussehen? Jassir Arafat macht einen guten Eindruck auf mich, und ich würde ihm gerne einmal begegnen. Auch wir als Volk müssen auf unser Dasein aufmerksam machen. Wir sollten die Journalisten aufschrecken, damit sie die Realitäten erkennen und über sie in der ganzen Welt berichten. Wir sollten keine Angst vor den Israelis haben, aber mit ihnen reden.«

Galiläa war auch der Landstrich, in dem die meisten Palästinenser jüdischer Staatsangehörigkeit lebten. Wir erhofften uns einiges von ihnen, wußten aber, daß sie trotz ihrer Pässe und ihrer Abgeordneten in der Knesset als Bürger zweiten Ranges betrachtet wurden. Bisweilen konnten wir ihre zweideutigen Äußerungen zur Realität Israels nicht so recht verstehen. Ihre Widersprüche erschienen uns noch größer als die unsrigen.

Meine Mutter, deren Kindheitserinnerungen eine nach der anderen wieder zurückkehrten, wollte, daß wir praktisch in jedem Dorf anhielten. Sie erzählte uns vom Wald von Lubiya, den wir bei einer späteren Gelegenheit, während einer unserer Reisen zum Tiberiassee, dem See Genezareth, durchqueren sollten.

Lubiya ist ein arabisches Dorf. Wie viele andere wurde es 1948 von seinen Bewohnern verlassen. Da es unbewohnt war, wurde es geschleift. Der KKL (Keren Kayemet Le-Jisrael: eine von der Jewish Agency abhängige Organisation, die Gelder für den Rückkauf von Land und die Wiederaufforstung von Trockengebieten sammeln sollte) brachte internationale Spenden zusammen und pflanzte auf diesen Ruinen Tausende Bäume. Heute ist ein herrlicher Wald daraus geworden. Erbitterte Gefechte spielten sich im Gebiet von Galiläa ab. Die Israelis wollten dort die Landstraße freikämpfen, um Haifa mit Jerusalem zu verbinden. Diese Aufgabe war der Golani-Brigade übertragen worden. Auf der anderen Seite stand die tapfere, doch ungeordnete Jarmuk-Armee unter dem Befehl von Kaukji.

Im Verlauf dieser Reise wie auch bei allen, die noch auf sie folgen sollten, spürten wir bei unserer Mutter diesen unbeugsamen Willen, uns beizubringen, niemals zu vergessen, wer wir waren und woher wir kamen. Auf dem Autobahnabschnitt, der Haifa mit Akko verbindet, setzte sie ihre Geschichte fort.

Nachdem Christmas sie bei den Ordensschwestern in Nazareth in die Arme geschlossen hatte, ließ sich dann auch ihr Vater einige Monate später noch einmal an der

Klostertür blicken. Raymonda war völlig außer sich vor Freude, konnte es aber nicht verstehen. War ihr Vater einer jener aus dem Libanon gekommenen Infiltranten, auf die die israelische Armee Jagd machte, was die Schüler im Kloster erschreckte, da manche ihrer Eltern sich in den Libanon abgesetzt hatten? Nein. Ihr Vater hatte Glück gehabt. Nach ein paar Monaten im Libanon hatte er sich entschlossen, nach Akko zurückzukehren. Nun war es ihm aber unmöglich, die Grenze legal zu überschreiten. Es gab nur die eine Möglichkeit, die Linien zu Fuß und über die Ziegenpfade zu passieren. Dabei wurde er jedoch, während er sich in einem Tal aufhielt, von einer israelischen Patrouille entdeckt, die sofort auf ihn schoß und ihn am Bein verletzte. Man brachte ihn zum Verhör in ein nahe gelegenes Dorf zum Gebietskommandeur. Doch statt ihn zu vernehmen, schloß der ihn zur Verblüffung aller in seine Arme, und sie küßten sich. Dieser Offizier war nämlich einer seiner Freunde aus den Kindheitstagen in Akko, Bechor Schitrit. (Er wurde später Polizeiminister.)

Nach langen Erklärungen war Schitrit von seiner Redlichkeit überzeugt und schickte ihn nach Haifa, wo er seine Verletzung im Italienischen Krankenhaus behandeln lassen konnte. Mein Großvater erhielt schließlich die Genehmigung, in Akko zu wohnen, doch jene wenigen außerhalb Israels zugebrachten Monate hatten ihn um all seinen Familienbesitz – die Ländereien, die Burg Montfort – gebracht, der als herrenloses Gut beschlagnahmt worden war. Trotz ihrer Scheidung kam er Christmas zum großen Glück meiner Mutter erneut näher.

Im Jahre 1952 verläßt Raymonda das Kloster von Nazareth, um auf eine andere Ordensschule in Haifa überzuwechseln. Während ihre Kameradinnen in Nazareth überwiegend katholischer oder muslimischer Herkunft waren, sind hier nun alle Jüdinnen. Sie ist die einzige Araberin. Freiheitlicher, weltoffener als die Ordensfrauen von Nazareth, erlauben die Schwestern in Haifa ihnen sogar, sich einen Badeanzug überzustreifen und schwimmen zu gehen. Für meine Mutter stellt dies eine wahrhafte Revolution dar, eine von den orientalischen Traditionen losgelöste, weit mehr dem Abendland zugewandte Geisteshaltung.

Raymonda lernte Hebräisch, ihre Freundinnen berichteten ihr von Europa, den Nazis, den Konzentrationslagern. Sie las sogar das *Tagebuch der Anne Frank* und war nach der Lektüre zutiefst erschüttert. Sie freundete sich mit Dvora, einem Mädchen in ihrem Alter, an. Eines Tages lud diese sie zum Nachmittagskaffee zu sich ein. Das Haus lag in einem Viertel von Haifa, das sie gut kannte, da ihre Tante vor dem Krieg dort wohnte. Wie groß war dann ihre Überraschung, als sie feststellte, daß in dem Haus ihrer Tante nun Dvoras Familie lebte ... Doch ihre Verwirrung steigerte sich noch, denn sie bemerkte, daß sich überhaupt nichts verändert hatte, obschon fünf Jahre vergangen waren, seit ihre Tante in den Libanon umgesiedelt war. Die Möbel standen noch an ihrem Platz, die Bilder hingen nach wie vor an den Wänden, und die Puppe, die ihre Tante ihr geschenkt hatte, schlummerte auf einem Sessel. Sie vermochte nicht dagegen anzukämpfen und brach in Tränen aus: Ihre Tante konnte nicht mehr nach Palästina heimkehren, und ihre kleine Freundin hatte ihren Platz eingenommen. Als sie ihr Schluchzen hörte, lief Dvoras Mutter herbei. Und da sie ihren Kummer verstand, tröstete sie sie, indem sie Raymonda ihre eigene Geschichte erzählte. Sie kam in Polen auf die Welt, war von den Nazis in das Warschauer Getto eingepfercht, dann mit ihrer noch ganz kleinen Tochter Dvora in ein Konzentrationslager, Auschwitz, deportiert worden, aus dem sie nur durch ein Wunder wieder herauskommen konnten. Dvora und ihre Mama zeigten Raymonda die unauslöschlichen Nummern auf ihren Unterarmen, das Schandmal, das über Jahre hinweg Schatten aus ihnen gemacht hatte. Sie erklärten ihr, daß diese Wohnung ihnen von der Regierung zugeteilt worden war und Raymondas Tante ihr Haus sofort wieder übernehmen würde, wenn die Araber eines Tages nach Haifa zurückkehren könnten.

Raymonda gestand uns ein, daß sie in ihrer Erinnerung keinen Groll gegen sie empfand, sondern ein Gefühl der Verbundenheit, das aus dem Leid und dem Unglück entstanden war, dem sie sich später selbst hatte stellen müssen.

1954 wechselte sie erneut die Schule. Sie ging nun auf das Sankt-Joseph-Kolleg in Jerusalem. Christmas kam sie häufig besuchen, und gemeinsam stiegen sie dann auf das Dach von Notre-Dame-de-France, die unmittelbar an der Demarkationslinie lag. Ihre Blicke schweiften hinunter auf die Stadt Jerusalem. Einige hundert Meter, nur eine geringe Entfernung, trennten sie von Georges und Yussef, den Brüdern, den Söhnen, die sie seit 1948 nicht wiedergesehen hatten. Ein Foto, ein Brief, heimlich hinübergeschmuggelt, waren die einzigen Nachrichten von ihnen. Damals besuchten sie eine von Missionaren geführte Schule auf jordanischem Territorium.

Meine Mutter wurde älter, und so stellte sich allmählich

das Problem ihrer Zukunft. Wie würde diese Zukunft einer Araberin in Israel sein können? Sie fühlte sich sonderbar angezogen von dem, was auf der anderen Seite geschah – von jener Welt, in der ihre Brüder lebten.

Sie traf ihre Entscheidung, als sie ihr siebzehntes Lebensjahr erreichte. Ein Erlebnis nämlich hatte sie tiefgreifend erschüttert: als sie mit ansehen mußte, wie ein israelischer Soldat einen am Boden liegenden Araber mit Füßen trat. Von da an wollte sie mit ihren Brüdern auf der anderen Seite leben.

Christmas warnte sie vor den Schwierigkeiten jedweder Art, auf die sie treffen würde, und insbesondere vor der Frauen betreffenden Mentalität innerhalb der arabischen Welt, unter der sie selbst so sehr gelitten hatte. Sie hätte es vorgezogen, daß Raymonda ihre Studien fortsetzte, einen Beruf ergriffe, unabhängig würde.

Dennoch begleiteten ihre Eltern sie im März 1957 zum Mandelbaumtor. Der Übergang an der Grenze der beiden Sektoren hieß so, weil dieses Tor schlicht und einfach das eines Geschäftes war, das früher einem gewissen Mandelbaum gehörte. Inmitten der Ruinen war nur das Tor unversehrt geblieben, die Wohnhäuser ringsum waren eingestürzt.

Der Abschied wurde herzzerreißend. Raymonda trat von diesem Augenblick an in ein anderes Universum, in dem ein zweifacher Kampf ausgefochten werden mußte: jener der Anerkennung ihrer palästinensischen Identität und der ihrer Situation als Frau. Diese beiden Konfliktstellungen, die meine Großmutter sie gelehrt hatte, verstand sie, so glaube ich, an alle ihre Kinder weiterzureichen. Auf Wiedersehen, Großmutter Christmas, die du dich nie über meine Wiege gebeugt hast: Du hast mir das Vermächtnis hinterlassen, Palästina wiederzufinden und den Kampf um die Anerkennung der Rechte der Frauen Palästinas fortzusetzen.

Am Ende dieser Erzählung fuhren wir endlich in Akko ein. Mama machte sich auf die Suche nach all den Orten, die Zeugen ihrer Spiele in Kindertagen waren. Sie gelangte vor die Burg Montfort, Besitz ihrer Familie seit dem 18. Jahrhundert, um sie in unserer Gesellschaft und mit Dutzenden Touristen zu besichtigen. Niedergeschlagen mußte sie eine Eintrittskarte kaufen. Die Kreuzritterburg von Montfort war ein Museum geworden.

— 9 —

»Palästina ist meine einzige Braut.«

So lautete Jassir Arafats stereotype Antwort jenen gegenüber, die indiskrete Fragen über sein Privatleben zu stellen wagten. Jassir Arafat, der ohne Bindungen, ohne festen Wohnsitz blieb, seine Ortswechsel mit undurchdringlicher Geheimnistuerei umgab und seine Reiserouten immer in allerletzter Minute festlegte, hatte sein Leben in jeder Hinsicht wie ein Untergrundkämpfer gestaltet.

Als derart unnahbarer Mann pflegte er seine Besucher, wer immer sie auch waren, stundenlang warten zu lassen, bevor er sie für eine Unterredung holen ließ, die fünf Minuten, zwei oder drei Stunden dauern konnte.

Während seiner letzten, gleich einem lauernden Raubtier völlig im Untergrund zugebrachten Jahre wußte er, daß sein Überleben einzig und allein von seinem Instinkt, seinem Glücksstern abhing, weshalb er stets Herr seiner Entscheidungen auf Erden zu bleiben gedachte. Da er sehr gläubig war, bekräftigte er jedoch trotz allem, sein Schicksal liege in Gottes Händen.

Seine Geheimnisse hafteten ihm wie eine Legende an.

In Beirut, während der glanzvollen Jahre der PLO, tauchte er bisweilen für einen Augenblick auf einer Straße, einem Marktplatz auf und erschien fast zur gleichen Zeit am anderen Ende der Stadt. Die abstrusesten Nachrichten belebten die gesellschaftlichen Treffen in der libanesischen Hauptstadt. Man dichtete ihm Doppelgänger an, daß er sich durch ein Netz geheimer Stollen und Gänge fortbewegte, das eigens für ihn im Untergrund von Beirut angelegt worden sei...

Wenn jemand eine Zusammenkunft mit Arafat arrangieren wollte, mußte er sich hierfür an einen Mittelsmann wenden und sich manchmal tagelang in einem der Zimmer des Bristol oder des Hotel Commodore gedulden. Eine aufreibende Warterei, die gelegentlich in einer lakonischen Antwort des Leiters der Pressestelle, Mahmud Labadie, endete: »Ich bin untröstlich, das Interview ist zur Zeit nicht möglich. Er ist nach Kuwait, nach Bagdad, nach Moskau abgereist...«

Arafat verfuhr auf gleiche Weise mit all seinen Gesprächspartnern, einschließlich den arabischen Staatschefs, den Verbündeten des einen und Feinden des anderen Tages. Er wußte sich von den israelischen Geheimdiensten fortwährend gejagt, aber auch von denen gewisser arabischer Länder, die in ihm bisweilen einen gefährlichen Widersacher und Agitator von großem Einfluß auf die arabischen Volksmassen sahen.

In Beirut, inmitten der blutigen und gnadenlosen Kämpfe, wo ganze Nächte lang Geschütze donnerten, gehörte Verrat in seinem Lager zur Tagesordnung. Er baute ausschließlich auf seine eigene Leibgarde, die Force 17, unter dem Kommando von Ali Hassan Salameh, um seine persönliche Sicherheit zu gewährleisten. Ali Hassan Salameh wurde im übrigen bei einem von den Israelis organisierten Hinterhalt durch eine ferngezündete Autobombe ermordet.

Arafat hatte sich offiziell 1970 im Libanon niedergelassen, ein Ergebnis des Abkommens von Kairo, das von mehreren arabischen Staatschefs unterzeichnet worden war, darunter Präsident Nasser, König Faisal von Saudi-Arabien, dem Staatspräsidenten des Libanon, Suleiman Frangié, König Hussein von Jordanien und Arafat selbst. Dieses Abkommen wurde, wie gewisse Libanesen behaupten, aufgezwungen und legte den Keim für den späteren Bürgerkrieg im Libanon. In der Tat standen sich im September 1970 die Beduinentruppen König Husseins von Jordanien und palästinensische Kämpfer mehrere Wochen lang in heftigen Gefechten gegenüber, die der Anlaß für die Übereinkunft von Kairo werden sollten. Der Auslöser dieser blutigen Zusammenstöße war die Entführung dreier westlicher Zivilflugzeuge und deren Insassen mitten in die jordanische Wüste, nach Serka, durchgeführt von Mitgliedern der Volksfront für die Befreiung Palästinas des Georges Habash, deren »Operationsabteilung« von Wadi Haddad geleitet wurde – jenem Mann, der, nebenbei bemerkt, Carlos Ramirez Sanchez das Handwerk des Terrorismus beibrachte. Die Volksfront unterhielt enge Verbindungen zu internationalen terroristischen Bewegungen wie etwa der deutschen Rote-Armee-Fraktion und den italienischen Roten Brigaden.

Ab 1973, dem Beginn des Bürgerkriegs im Libanon, beging Arafat den Fehler – doch war er überhaupt in der Lage, anders zu handeln? –, sich in diesen Konflikt einzulassen. Er machte sich zum Gefangenen eines Kampfes an zwei Fronten gegen Israel sowie gegen die rechtsgerichteten Gruppierungen und die libanesische Falange des Pierre Gemayel. Als Gegenleistung für die Unterstützung, um die ihn die linken Parteien – in den damals so genannten progressivpalästinensischen Kräften zusammengeschlossen – baten, gedachte Arafat, an der Macht im Libanon teilzuhaben. Dieses Vorhaben gelang ihm weitgehend, da es eine Zeit gab, in der angesichts der Auflösung des Staates ein Schriftstück der PLO unerläßlich war, um sich auf einem Großteil des libanesischen Territoriums frei bewegen zu können.

Arafat meinte, wenn er allmählich die Kontrolle über das Land bekäme, würde es leichter, Israel militärisch zu treffen. Doch sah er sich unversehens gezwungen, sich in interne Machtkämpfe einzumischen, die ihn von seinem Hauptziel abbrachten.

Die Israelis konnten ihrerseits ihre Aktionen auf die PLO konzentrieren, indem sie etliche verräterische Machenschaften seiner Pseudoverbündeten ausnutzten. In ebendiesem Zusammenhang leitete Israel dann im Juni 1982 die Operation »Frieden für Galiläa« ein, die seine Truppen bis nach Beirut führen sollte.

Es folgten mehrere Wochen des Krieges, der Gemetzel, und schließlich am 30. August der Rückzug aus dem Libanon an Bord eines griechischen Kreuzfahrtschiffes, der *Atlantis,* das er selbst und seine Kämpfer mit Sack und Pack unter dem Schutz einer multinationalen Streitmacht bestiegen, die sich aus amerikanischen GIs und französischen Fallschirmjägern der Fremdenlegion zusammensetzte. An die Reling des weißen Schiffs gelehnt, sah Arafat zwölf Jahre des Kampfes für die Befreiung Palästinas sich in Nichts auflösen.

Er empfand diesen dramatischen Weggang als Demütigung, seine Kämpfer mußten sich in kleinen Gruppen über die gesamten arabischen Länder verteilen und die schutzlos zurückgebliebenen Palästinenserfamilien in den Lagern von Sabra und Schatila den Überfall der libanesischen Falangisten über sich ergehen lassen. Dabei wurden mehrere hundert Frauen und Kinder ermordet, ohne daß die israelische Armee, obgleich theoretisch für die Sicherheit der Lager verantwortlich, eingriff.

Der Kampf um Beirut führte Arafat die Isolation, in der sich die PLO befand, vor Augen. Nicht ein arabischer Staat war ihm zu Hilfe gekommen, doch vor allem kannte die syrische Armee, von der über 50 000 Mann im Libanon stationiert waren, nur ein einziges Ziel: nämlich die palästinensische Kräfte aus dem Libanon abziehen zu sehen, um sich an ihrer Stelle dort festzusetzen.

Nach seinem Weggang aus Beirut kehrte Arafat im September 1983 noch einmal heimlich in den Libanon zurück, um eine weitere Auseinandersetzung mit abtrünnigen, militärisch von Syrien unterstützten PLO-Offizieren zu beginnen. Bereits von Mai an versuchten diese, die Flüchtlingscamps zu kontrollieren, um Jassir Arafats Führerschaft zu unterminieren. Frau Arafat zufolge war dies übrigens das einzige Mal, daß er, um nicht erkannt zu werden, seinen legendären Bart abrasierte und Zivil trug. Er nahm ganz einfach von Zypern aus eine Fähre, die ihn in einem Hafen an der libanesischen Küste absetzte.

Später dann gelang es französischen Kommandos, die nach einer Übereinkunft mit François Mitterrand entsandt worden waren, ihn Ende Dezember 1993 wieder aus Tripoli herauszuschleusen. Frankreichs geheimes Eingreifen war mit Ägyptens Präsident Hosni Mubarak und dem PLO-Vertreter, Ibrahim Suss, in Paris ausgehandelt worden. Dieser Aktion hatte Arafat es zu verdanken, daß er mit dem Leben davonkam und nicht in die Hände der Syrer fiel. Er saß nämlich zwischen den Israelis und Präsident Assads Unternehmungen, ihn zu ermorden, in der Falle. Beide Seiten hofften damals, ihn endlich ausschalten zu können, und die Israelis hatten hierfür sogar rund um den Hafen von Tripoli ferngesteuerte Seeminen durch ihre Luftwaffe abwerfen lassen. »Tripoli«, bestätigte Arafat, »ist eine meiner schlechtesten Erinnerungen als Kämpfer.«

Wie könnte man in solchen Stürmen an ein Familienleben denken? Sein Volk, das sich im Krieg befand, brauchte ihn; er mußte sich ihm vollends widmen mit jener zutiefst mediterranen Vorstellung von Aufopferung und fortwährendem Leiden, gleichsam der Selbstentäußerung einer Mutter zugunsten ihrer Kinder, dem »palästinensischen Volk«, und der Angst vor dem eigenen, ohne die unweigerliche Sühne angenommenen Glück. Außerdem glaubt Arafat, ein aufgrund übernatürlicher Kräfte auserwählter Führer zu sein. Arafat ist ein wahrer Mythos, er wähnt sich in vollkommener Eintracht mit Gott und von ihm mit dem Auftrag versehen, das palästinensische Volk zu führen.

Obwohl er gläubiger Muslim ist, zeigt er Interesse an der figurativeren, gegenständlicheren Beziehung zu Gott, die er im Judaismus und im Christentum sieht. Dieses Bild religiöser Toleranz pflegt er um so mehr, als etliche Palästinenser Christen sind und er zwischen den Juden in der Diaspora und den Israelis zu unterscheiden bereit ist. Diese Charakterzüge, die mit den Prinzipien der Humanität in Übereinstimmung stehen, hindern Arafat jedoch nicht daran, sowohl verbal als auch physisch zu unerbittlicher Härte und äußerster Gewalt zu neigen. Seine gefürchteten Wutausbrüche und Brüllorgien sind berühmt-berüchtigt.

Nach seinem erzwungenen Aufbruch aus Beirut mußten sein Umzug und sein Aufenthalt in Tunis ihn zwangsläufig zu einer veränderten Sichtweise der Wirklichkeit Palästinas, eingebunden in den internationalen, sich stetig verändernden Kontext, führen.

Tunesien, ein Land im Frieden, mit einer starken Regierung ausgestattet, fernab der Schlachtfelder und Intrigen, liberal, dem Ausland gegenüber aufgeschlossen und nur zwei Flugstunden von Europa entfernt, hat sicherlich Jassir Arafats Gefühls- wie auch sein politisches Leben beeinflußt. In Tunis kursierten dann auch erstmals Namen mancher seiner Geliebten. Das elegante bürgerliche Viertel, in dem die palästinensische Führung wohnte, war günstig für Bettgeflüster.

Im Jahre 1981 verläßt eine strebsame junge Frau von achtzehn Jahren die Stadt Ramallah im besetzten Westjordanland, um ihre Studien in Paris fortzusetzen. Im internationalen Wohnheim junger Frauen, am Boulevard Saint-Michel Nummer 193, ist ein Zimmer für sie reserviert worden. Sie hat sich an der Sorbonne-Paris-III-Censier in den Fächern angewandte Fremdsprachen, Landes- und Sozialkunde eingeschrieben.

Von Natur aus zurückhaltend, hat Suha kaum Freunde und wagt es noch nicht, sich unter die Organisationen für die Unterstützung der palästinensischen Sache zu mischen – aus Angst, sie könne anschließend nicht mehr in das israelisch besetzte Westjordanland zurückkehren. So entdeckt sie Paris ganz allein.

Ein eigenartiges Gefühl von Freiheit... Meine erste Wahrnehmung ist das Fehlen von Militär auf den Straßen. Es mag vielleicht idiotisch klingen, doch ich war an diese bewaffneten Soldaten in meiner Alltagsumgebung, an den Kreuzungen oder vor dem Tor meiner Schule im Ramallah so sehr gewöhnt, daß sie mir fast schon fehlten. Ich schreckte bei jeder Polizeisirene hoch und sagte mir dabei: »Da sind sie ja, endlich werde ich mich wieder in meiner vertrauten Welt befinden...«

Doch obwohl es hier keine Beschränkungen gab und ich eine Welt entdeckte, in der Israel, Palästina und der Nahe Osten nicht zu den tagtäglichen Sorgen gehörten, eine Stadt, in der man frei und ungehindert umhergehen, durch blühende Parks wie den Jardin de Luxembourg spazieren konnte, in der sich Verliebte in der Öffentlichkeit an den Händen hielten oder sich küßten, fühlte ich mich nicht wohl. Ich wollte wieder heimkehren, meine Familie wiedersehen. Nach drei Monaten rief ich meine Mutter an, um ihr meine Absicht mitzuteilen, Paris zu verlassen.

»Nein«, lehnte sie ab, »das kommt nicht in Frage.«

Da ich stur blieb, fügte sie hinzu: »Rühr dich nicht vom Fleck, ich komme!«

Meiner Mutter ist die Familie heilig: Den Ihren steht sie jederzeit zur Verfügung. Ihre eigene schwere Kindheit, die sie, zwischen dem Vater und der Mutter hin- und hergerissen, in Akko verlebt hatte, während der Staat Israel mit allen daraus erwachsenden sozialen Umwälzungen gerade gegründet worden war, bestimmte stets ihr Verhältnis zu uns. In Paris dann, angesichts meiner Halsstarrigkeit, zauderte meine Mutter nicht mehr, und so fand ich mich erneut in Ramallah wieder.

Wie glücklich machte mich die Heimkehr zu meiner Familie, meiner temperamentvollen und unberechenbaren Schwester Hala, die keine Kundgebung gegen die Israelis verpaßte ... Dieser Einsamkeit, die ich in meinem Zimmer am Boulevard Saint-Michel erlebt hatte, war ich wahrscheinlich noch nicht gewachsen, ich empfand Paris als ein Exil, das ich keinesfalls wollte.

Trotz der Besetzung existierte im Westjordanland eine Wärme, eine tiefe Verbundenheit, die ich zu meiner Freude wiederfand. Da mein Studienjahr verbummelt war, beabsichtigte ich, mich für das kommende Semester an der Palästinensischen Universität Bir-Seit einzuschreiben. Doch zu Beginn des Semesters 1981/82 war ich wieder zurück in Paris – ein neuerlicher Coup meiner Mutter, deren Halsstarrigkeit ich nichts entgegenzusetzen hatte: Sie wollte, daß wir von jener abendländischen Kultur durchdrungen würden, der ihre Familie verbunden war.

Diesmal kam meine Schwester Hala mit nach Paris, und ich wohnte in einer für meinen Geschmack angenehmeren Umgebung, nämlich in der Studentenwohnsiedlung am Boulevard Jordan, in der Maison d'Italie, wo ein Dutzend Zimmer palästinensischen Studenten vorbehalten war. Ich erinnere mich an den Geruch von Spaghetti, die zu jeder Mahlzeit gekocht wurden – typisches Studentenessen. Dort entdeckte ich ein anderes Paris, mit seinem regen Kulturleben, den Theatern, den Restaurantbesuchen und schließlich den Demonstrationen.

Ich versäumte keine von ihnen: für Chile, Südamerika, Südafrika, für die Sache aller Unterdrückten der Welt. Ich wurde mir bewußt, daß die Palästinenser nicht die einzigen waren, die eine Situation der Gewalt erdulden mußten, und das gab mir Hoffnung. Vor allem, da die Diskussionen frei und offen verliefen, selbst mit den in der Studentensiedlung wohnenden israelischen Studenten. Selbstverständlich nahm ich an den Klebeaktionen von Arafat-Plakaten teil. Sie wurden regelmäßig in der Nacht vom Betar, der extremistischen jüdischen Bewegung, heruntergerissen. Doch wir verfügten über einen ausreichenden Vorrat, um sie wieder zu ersetzen.

Dann kam der Juni 1982, der Monat der Invasion des Libanon.

An den Fernsehgeräten verfolgten wir den Krieg praktisch hautnah. Wir waren bestürzt. Das Vorrücken der israelischen Truppen wirkte sich wie eine Dampfwalze aus, ihre Feuerkraft war entsetzlich. Es konnte einem zu Recht angst und bange werden, wenn man sah, wie auf den Anhöhen von Beirut diese riesigen 150-Millimeter-Kanonen auf Selbstfahrlafetten ihre Granaten unter entsetzlichem Getöse abfeuerten. Die Palästinenser leisteten erbitterte Gegenwehr. Sie waren von den Jahren des Bürgerkriegs im Libanon kampferfahren und abgehärtet. Zum erstenmal in der Geschichte Palästinas kämpften sie als Armee gegen eine andere, mit schwerer Ausrüstung.

Das Ende des Abenteuers Libanon teilte sich uns durch jene Bilder im Fernsehen mit, die Jassir Arafat in Beirut, ein oder zwei Tage vor seinem Abzug, zeigten. Er ging forsch an der Seite eines Journalisten durch irgendeine Straße und beantwortete dabei dessen Fragen. Sie waren das damals, glaube ich. Mit seinen Äußerungen wollte er zu verstehen geben, daß er weiterhin zuversichtlich und sich seiner selbst noch immer sicher war, doch man spürte seine Betroffenheit gegenüber jenen palästinensischen Frauen, die er an Ort und Stelle zurückließ und die kamen, um ihn weinend zu umarmen. Uns schien das alles unvorstellbar: Die PLO war tatsächlich gezwungen, Beirut aufzugeben . . .

Wenn ich mit meinem Ehemann über die achtundachtzig Tage dauernde Belagerung Beiruts spreche, meint er, daß dieser Zeitabschnitt der schwerste und gefährlichste seines Lebens gewesen sei. Er wußte, daß der Mossad, der israelische Geheimdienst, ihn zu töten suchte, und daß es ihm gelungen war, mehrere Kommandos ins Innere von Westbeirut einzuschleusen.

Darüber hinaus ist er davon überzeugt, daß es den Israelis gelungen war, sein Telefonnetz durch irgendwelche ausgeklügelten Methoden anzuzapfen, und er bei jedem seiner Anrufe sofort lokalisiert wurde. Die israelische Luftwaffe bombardierte häufig Wohnhäuser, in denen er sich kurze Zeit zuvor aufgehalten hatte. Er hatte die Falle jedoch geahnt. Daher blieb er stets nur wenige Minuten an einem Ort.

Im allgemeinen lebte er versteckt. Um seinen Unterschlupf zu verlassen, verkleidete er sich als Frau; er spazierte mit einem Minimum an Leibwächtern durch die Straßen von Beirut. Außerdem hatte er die Gewohnheit, nur wenige Tage im selben Versteck zu bleiben. So hat er sich beispielsweise fast einen Monat lang in einem kleinen Zimmer in Ramallah eingeschlossen, während die Israelis nach ihm suchten. Da der Eigentümer der Wohnung ein Bewunderer der ägyptischen Schauspielerin Nabila Obeid war, hingen deren Poster überall an den Wänden. Es lagen

Dutzende Zeitschriften und Bücher herum, die sich nur mit ihr befaßten ... Während dieses ganzen Monats blieb ihm nichts anderes übrig, als wieder und wieder über Nabila Obeids Leben zu lesen. Einige Jahre später ist er ihr dann in Kairo begegnet und hat im Scherz zu ihr gesagt: »Ich kenne Sie sehr gut, ich habe beinahe einen Monat mit Ihnen in Ramallah verbracht.«

Um auf Beirut zurückzukommen – er wußte, daß General Sharon da war, in der Nähe des Kais, an dem er an Bord gehen sollte. Er wußte auch, daß der General persönlich seiner Abfahrt beiwohnte und alle seine Bewegungen durch ein Fernglas mit hoher Vergrößerung beobachtete.

– 10 –

In Tunesien wurde Arafats Gefolgschaft mit großer Begeisterung empfangen.

Als das zypriotische Schiff mit mehreren hundert Kämpfern an Bord in den Hafen von Biserta, sechzig Kilometer nördlich von Tunis, einlief, wurde es von Frau Wassila Bourgiba und Mitgliedern der Regierung erwartet. Die Menge jubelte den Palästinensern zu und bekundete mit lauten Rufen ihre Solidarität mit der palästinensischen Sache. Gleichwohl waren nur wenige Augenblicke vor dem Anlegen tunesische Soldaten an Bord gestiegen, um die gesamte Bewaffnung zu konfiszieren, die man den Palästinensern bei der Abfahrt aus Beirut zugebilligt hatte. Lediglich einigen Mitgliedern des Sicherheitsdienstes wurde gestattet, ihre persönlichen Waffen zu behalten.

Eine sehr schwere Zeit stand Arafat bevor: Seine Truppen waren über die ganze arabische Welt verstreut, in Lagern im Sudan, im Jemen, in Libyen, Tunesien, Algerien und im Irak, fern der Schlachtfelder.

Er mußte seine Armee, aber auch die zivilen und finanziellen Strukturen der PLO von Grund auf reorganisieren. Die PLO verkörpert in der Tat einen riesigen internationalen Verwaltungsapparat, der überall in der Welt Gehälter, Renten- und Unterstützungsgelder entrichtet. In Beirut erlaubte das Bankensystem, mit den Millionensummen zu jonglieren, die aus Geberländern oder der palästinensischen Diaspora eingingen. In Tunis stellte sich die Lage als weit komplizierter heraus. Überdies war die palästinensische Organisation durch innere Streitigkeiten zerrissen, es hagelte Vorwürfe für Arafat: über die Strategie, die er die PLO hat verfolgen lassen und die in einer Sackgasse endete.

Entgegen ihren Erwartungen waren die Palästinenser selbst hier vor Angriffen der Israelis nicht sicher. So tauchten beispielsweise nach einem langen Flug und zweimaligem Auftanken in der Luft israelische Flugzeuge am 1. Oktober 1985 über Hammam Schott auf, einem kleinen Badeort südlich von Tunis, in dem einst der Bey residierte. Am Morgen bombardierten sie die militärischen Einrichtungen der PLO und töteten dabei ungefähr siebzig Palästinenser und Tunesier. Dieser Luftangriff wurde von Israel als Vergeltungsmaßnahme für die Ermordung dreier Israelis im Hafen der zypriotischen Stadt Larnaca durchgeführt.

Ebenfalls in Tunis sollten zwei der treuesten Freunde Arafats und Mitbegründer der Fatah den Tod finden: Abu Djihad, der am 16. April 1988 von einem israelischen Kommando ermordet wurde, und Abu Ijad, den einer seiner Leibwächter am 15. Januar 1991 tötete. Ein rätselhaftes Verbrechen, dessen Anstifter bislang nicht identifiziert werden konnte.

Jassir Arafat war tagtäglich den Anfechtungen eines Teils der PLO ausgesetzt, mehrfach wurde sein Sturz verkündet, doch jedesmal schaffte er es, wie eine Katze wieder auf die Füße zu fallen. Am 7. Oktober 1985, einige Tage nach der Bombardierung von Hammam Schott, wurde das italienische Kreuzfahrtschiff *Achille Lauro* von einem palästinensischen Kommando überfallen und entführt. Ein körperbehinderter amerikanischer Tourist namens Leon Klinghoffer wurde ermordet und in seinem Rollstuhl über Bord geworfen. Der Organisator dieses Kidnappings war Abu Abbas, der dem PLO-Exekutivkomitee angehörte. Zwei Mitglieder des Kommandos kamen aus Tunis! Präsident Bourgiba geriet außer sich vor Wut – hatte er die Palästinenser doch nur unter der Bedingung aufgenommen, daß sein Land nicht zur Basis für Militäraktionen würde. Sofort sollten sämtliche in Tunesien lebenden Palästinenser der PLO das Land verlassen – annähernd 6000 an der Zahl! Seiner Gemahlin gelang es jedoch, ihm dies auszureden.

Nach der am 7. November 1987 erfolgten Absetzung Bourgibas funktionierte die Verständigung mit dessen Nachfolger Ben Ali wieder besser. Dieser sollte noch einen wichtigen Beitrag zu den amerikanisch-palästinensischen Verhandlungen von Dezember 1988 bis August 1989 leisten.

Im Verlauf dieser Jahre nahm Arafat den Dialog mit König Hussein von Jordanien wieder auf und weilte des öfteren in Amman.

Im Sommer 1987 verbrachte die gesamte Familie Tawil ihre Ferien in Amman und stattete dort dem Führer der PLO einen Besuch ab. Raymonda stellte ihm voller Stolz ihre Kinder, und natürlich auch Suha, vor. Glückwünsche wurden ausgesprochen und sogar Fotos fürs Familienalbum geknipst. Raymonda war immer eine treue Anhängerin Jassir Arafats gewesen. Zudem ist ihre älteste Tochter mit dem PLO-Vertreter in Paris, Ibrahim Suss, verheiratet.

Suha und Hala sollten Arafat am 14. und 15. November

1988 in Algier während der Zusammenkunft des palästinensischen Nationalrats wiedersehen. Bei dieser turbulenten Konferenz setzte Jassir Arafat erneut seine Führerschaft aufs Spiel und blieb einmal mehr siegreich. Die UNO-Resolution Nummer 242 wurde als Basis einer Regelung des israelisch-palästinensischen Konflikts angenommen. Mit ihr erkannte die PLO implizit die Existenz Israels an. Parallel dazu verkündete Arafat die Gründung eines unabhängigen Staates Palästina. Die Proklamation fand im »Club des Pins« statt, einem Hotelkomplex, der einst bei großen Gelegenheiten als Kongreßzentrum diente und an der Küste, einige Kilometer außerhalb Algiers, liegt.

Diese rein symbolische Formalität verstand sich als Antwort auf Israels Unabhängigkeitserklärung vom Jahre 1948, doch sie enthielt die unabdingbaren Forderungen der USA zur Eröffnung eines zu diesem Zeitpunkt noch inexistenten Dialogs: das heißt die Anerkennung Israels, die Annahme der Resolution 242, die Aufgabe terroristischer Aktionen. Die von den Palästinensern verwendeten Begriffe, mit denen sie ihre Rechte einforderten, glichen denen der Zionisten von 1948. Sie bekräftigten mit diesen ihre seit alters her bestehende Zugehörigkeit zum Land Palästina. Die von Jassir Arafat gehaltene Rede wurde von dem palästinensischen Dichter Mahmud Darwisch vorbereitet und beginnt folgendermaßen:

»Palästina, das Land der drei monotheistischen Religionen, ist das Land, aus dem das palästinensisch-arabische Volk stammt, in dem es sich entwickelte und sich auszeichnete. Das palästinensisch-arabische Volk war immer in Palästina verwurzelt und hat nie seine Bande mit ihm gelöst. So schloß das palästinensisch-arabische Volk eine immer-

Suha Arafat, Oktober 1993. Foto: Chesnut-Haley/Sipa Press

Suha Tawil und Jassir Arafat lernen sich 1989 auf einer Parisreise des PLO-Führers kennen. Foto: Bac/Sipa Press

Links: Suha mit ihrer Mutter Raymonda Tawil, Mai 1994. Foto: Alexandra Boulat/Sipa Press

Suha Arafat mit Leibwächtern in Gaza, Juli 1994. Foto: Alfred/Sipa Press

Jassir und Suha Arafat während eines Besuches in Südafrika, Mai 1994.
Foto: Stevens/Sipa Press

Rechte Seite:
Oben: Die Arafats mit palästinensischen Waisenkindern aus Sabra und Schatila in ihrem Haus in Tunis. Foto: El Rachidi/Sipa Press
Unten: Suha Arafat mit Mutter Teresa während eines offiziellen Besuches in Indien, März 1990. Foto: El Rachidi/Sipa Press

Beldi
nature

Entspannte Atmosphäre im Weißen Haus: Suha Arafat mit Hilary Clinton, September 1995. Foto: Alexandra Boulat/Sipa Press

Rechte Seite:
Oben: Die First Ladies (i. d. Mitte Suha Arafat) mit ihren Ehemännern (v. l.: Jitzhak Rabin, Jassir Arafat und Shimon Peres) bei der Verleihung des Friedensnobelpreises in Oslo 1994. Foto: Knudsens Fotosenter, Oslo
Unten: Bei einem Treffen mit Danielle und François Mitterrand in Paris, Oktober 1993. Foto: Hussein Hussein/Sipa Press

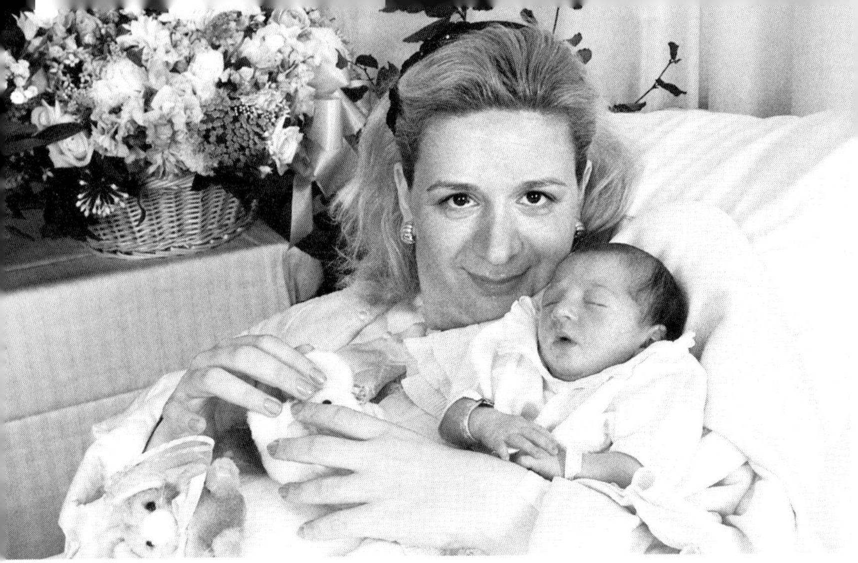

Die glückliche Mutter mit ihrer kleinen Tochter Sahwa, Juli 1995.
Foto: Villard/Sipa Press

Familienglück für einen Augenblick: Jassir Arafat trifft Suha und Sahwa in der Hotelhalle in Washington, September 1995. Foto: Alexandra Boulat/Sipa Press

währende Verbindung zwischen sich selbst, seinem Land und seiner Geschichte.«*

Zum Vergleich: »Der Anfang der Unabhängigkeitserklärung des Staates Israel vom 14. Mai 1948, verkündet durch David Ben Gurion, lautet folgendermaßen:

»Im Lande Israel entstand das jüdische Volk. Hier prägte sich sein geistiges, religiöses und politisches Wesen. Hier lebte es frei und unabhängig. [...] Durch Gewalt vertrieben, blieb das jüdische Volk auch in der Verbannung seiner Heimat in Treue verbunden.«**

Jassir Arafats Rede sollte ihm die Tore der europäischen Hauptstädte und zuallererst die von Paris, das seit mehreren Jahren bereits eine bemerkenswerte und diskrete Rolle im Nahen Osten spielte, öffnen. Das Engagement François Mitterrands für die palästinensische Sache fand seinesgleichen nur in seiner Entschiedenheit, für die Zukunft des Staates Israel einzutreten. Er blieb der Linie von Pierre Mendès-France treu, der stets um franko-arabische Kontakte und anschließend um den israelisch-arabischen Dialog bemüht war. Bekannt ist, daß Issam Sartawi, einer von Arafats engen Vertrauten, mehrere Male als Mittelsmann gedient hatte, um den Weg des Friedens auszuloten. Seine Ermordung in einer Hotelhalle in Portugal am 10. April 1983 durch palästinensische Extremisten, die der Gruppe Abu Nidals angehörten, setzte diesem Dialog jedoch ein Ende. Ein Dialog,

* Zitiert nach *Die palästinensische Friedensinitiative. – Dokumente.* Palästina Dokumentation Nr. 12; Hrsg.: Informationsstelle Palästina, Bonn 1989

** Zitiert nach dem offiziellen, von der Botschaft Israels in Bonn herausgegebenen Text der gleichzeitig von Said Hammami, dem PLO-Vertreter in Großbritannien, eingeleitet worden war, der zweifelsohne von derselben Organisation in London getötet wurde. Solche Gespräche verliefen häufig über die israelische Linke infolge der Kontaktvermittlung durch die Sozialistische Internationale, die stets gute Beziehungen zu den israelischen Führungskreisen aufrechterhalten hat.

Während seines offiziellen Besuchs in Jerusalem am 3. März 1982, anläßlich einer seiner ersten Auslandsreisen, hatte Präsident Mitterrand nicht gezögert, vor den Abgeordneten der Knesset an die Notwendigkeit zu gemahnen, Gespräche mit den Palästinensern aufzunehmen: »Der Dialog setzt voraus, daß jede Seite ihre Rechte vollends geltend macht, was für die Palästinenser wie für alle anderen zu gegebenem Zeitpunkt ein unabhängiger Staat bedeuten kann.«

Ebenso sollten wir die wesentliche Rolle Mitterrands bei der Rettungsaktion nicht vergessen, dank derer Jassir Arafat aus seiner libanesischen Falle entkommen konnte.

Als Arafat sich daher zu einem Besuch in Paris aufhielt, war er sich selbst eine Geste des guten Willens schuldig. Nach Algier und Genf zeigte er den Weg auf, den er die PLO beschreiten lassen wollte: nämlich den der Anerkennung des Staates Israel.

Paris war in der Zeit vom 2. bis zum 4. Mai 1989 die erste Hauptstadt der Europäischen Gemeinschaft, die ihn offiziell als Regierungschef empfing. Arafat wurde folglich im Hôtel Crillon untergebracht. Für die französische wie für die palästinensische Seite stand es außer Frage, daß dieses Ereignis ein Erfolg werden mußte. Als unerläßliche Voraussetzung des Protokolls benötigte das PLO-Büro Palästinenser, die den Vorsitzenden Arafat während seines Aufenthalts unterstützten.

Das Pariser Büro der PLO suchte in seinem Umfeld dringend französischsprachige Palästinenser. Ibrahim Suss bat daher seine beiden Schwägerinnen Suha und Hala Tawil, einen Teil des Protokolls zu übernehmen, wobei der Begriff »Protokoll« in dem Fall bedeutete, daß sie die Rolle von Assistentinnen spielen sollten, um Jassir Arafats Unterredungen mit den verschiedensten französischen Gesprächspartnern zu erleichtern.

Suha wurde mit dem Protokoll im Hôtel Crillon betraut und Hala mit allem, was die außerhalb geplanten Zusammentreffen anbelangte. Beide sprachen perfekt Französisch und kannten Paris gut, da sie seit einigen Jahren dort studierten. Ständiges Kommen und Gehen von Arafat im Pariser Palasthotel an der Place de la Concorde, Besucher, die in dauerndem Gedränge aufeinanderfolgten, Journalisten, Leibwächter, Diplomaten ...

Und mittendrin eine zurückhaltende junge Frau mit blondem Haar. Arafat hatte nur Augen für Suha, er wollte sie bei jeder Gelegenheit in seiner Nähe haben. Sie meisterte elegant alle Probleme. Glücklicherweise jedoch vergaß Jassir Arafat über Suhas nußbraunen Augen nicht den Grund seines Besuchs in Frankreich. Eine bedeutsame Mitteilung wurde von seiner Seite erwartet.

Arafat sollte es nicht versäumen, jenen kleinen Satz oder, genauer gesagt, jenes Wort auszusprechen, das ihm Roland Dumas, Minister für auswärtige Angelegenheiten, eingeflüstert hatte. Roland Dumas, ein ausgebuffter Jurist, beherrschte die Sprache Voltaires besser als Arafat und wußte um die exakte Bedeutung des Ausdrucks *»elle est caduque«** Dieses Wort *caduque* in bezug auf die PLO-Charta während eines Interviews im französischen Fernsehen erwähnt, setzte in der Tat das entscheidende Signal für die Anerkennung der Existenz des Staates Israel und die Bestätigung der vollen und uneingeschränkten Annahme der UN-Resolution 242.

Zuvor hatte Präsident Mitterrand während einer Unterredung im Elyséepalast Jassir Arafat die Zweideutigkeiten und Widersprüche zu bedenken gegeben, die zwischen der Resolution, die im November 1987 in Algier vom palästinensischen Nationalrat verabschiedet wurde, und der berühmt-berüchtigten PLO-Charta bestanden, insbesondere den Artikeln 19, 20, 21 und 22, welche die Teilung Palästinas ebenso wie die Existenz Israels strikt verwarfen und dessen Auflösung als Staat forderten.

Seine Reise nach Paris sollte sich folglich auf politischem Gebiet, aber auch offensichtlich auf gefühlsbeladener Ebene als erfolgreich erweisen.

Raymonda, Suhas Mutter, hat diese Situation, von der sie damals überrascht wurde und die sie manchmal nur sehr schwer akzeptieren konnte, auch heute noch nicht ganz bewältigt:

»Ich glaube, daß der Funke zwischen Suha und Arafat tatsächlich im Crillon übergesprungen ist. Suha ist ein sanftes, liebenswürdiges Mädchen. Man hat es mir erst später,

* Vom lateinischen *caducus:* altersschwach, baufällig, vergänglich; aber auch: hinfällig, ungültig, nichtig *(Anm. d. Ü.)*

viel später gesagt... Wissen Sie, wenn Arafat morgens in Paris die Augen öffnete, waren seine ersten Worte: ›Wo ist Suha?‹ Und dann wollte er sie augenblicklich sehen... Damals habe ich das nicht verstanden. Aber heute denke ich, daß sie bereits gegenseitig voneinander fasziniert waren.

Innerhalb weniger Stunden nur hat Arafat vollstes Vertrauen zu ihr gewonnen... Ich habe Suha gewarnt und ihr gesagt: ›Sei vorsichtig, die Tatsache, daß du so eng mit der PLO zusammenarbeitest, wird den Israelis nicht verborgen bleiben, und du wirst weder nach Jerusalem noch in die besetzten Gebiete zurückkehren können.‹ Ich habe es ihr eindringlich wiederholt: ›Suha, gib acht, du wirst niemals zurückkommen. Niemals!‹ Suhas Entscheidung hat mich sehr hart getroffen.

Ich wollte, daß meine Kinder immer einen Bezugspunkt, ein Zuhause in Palästina haben und trotz der Besetzung regelmäßig dorthin zurückkommen könnten. Als abschreckendes Beispiel hatte ich 1948 und den überstürzten Weggang so vieler Palästinenser in Erinnerung, die ihr Land nie wiedersehen konnten... Gut – so war es nun einmal... Suha reiste immer öfter zwischen Paris und Tunis hin und her. Ihr Titel war der einer Wirtschaftsberaterin... Und ich, ich war völlig blind... Ihre Aufenthalte häuften sich und wurden zunehmend länger. Bald darauf gab sie mir zu verstehen, daß es wegen ihrer Arbeit vorteilhafter sei, wenn sie in Tunis wohnte...

Alles in allem, habe ich mir gesagt, warum nicht? So wird sie ein kleines Haus oder ein Appartement für sich haben... Und dann erfuhr ich mit einemmal, wie es sich tatsächlich verhielt... Sie wohnte in einem der Häuser Arafats, in der

Nummer 39 der Rue Tozeur, in El-Menzah ... Ich fragte Suha nach dem Grund. Sie antwortete mir: ›Mach dir keine Sorgen, das ist nur wegen der Sicherheit. Und außerdem ist Arafat nie da. Er hat andere Wohnsitze.‹«

– 11 –

Eine Mutter ist stets gewillt, alles zu glauben, und nur zu oft bereit, nichts zu sehen. In ihrer aktivistischen Tätigkeit für die Sache der Palästinenser aufgegangen und leidenschaftlich engagiert, stellte Raymonda alle ihre Kinder in den Dienst der palästinensischen Revolution. Sie hat sie nicht aufwachsen sehen – begeistert wie sie war von den internationalen Erfolgen und von all ihren Aktivitäten, mit denen der ganzen Welt die Wirklichkeit in den besetzten Gebieten und die Auswirkungen der Intifada vor Augen geführt werden sollten.

Auf Anordnung der israelischen Regierung mußte ihre Presseagentur in Jerusalem schließen. Sofort gründete sie in Paris ein gleichwertiges Büro, das sich in der Avenue de la Grande-Armée Nummer 10 einrichtete. Ihre Informanten in den besetzten Gebieten lieferten ständig Meldungen, Bilanzen und Berichte von einer Wirklichkeitstreue, welche die israelischen Behörden nicht zu verbreiten gedachten. Dank ihrer Kenntnis der Gegebenheiten und auch ihrer Kontakte fungierte Raymonda gleichermaßen als Briefkasten. Jassir Arafat erhielt auf die Weise genaue Informationen über die Verfassung der Palästinenser im Innern. Für genauere und vertraulichere Botschaften diente Suha ihm als Kurier und traf ihn hierfür in Tunis oder in Bagdad.

Ich war vierundzwanzig Jahre alt und sah ihn in der Tat von Zeit zu Zeit; er scherzte häufig über die Jugend, wobei er manchmal auf meine Ruhe, meine Zuvorkommenheit und meinen Charme anspielte. Sein Verhalten war äußerst korrekt. Während seines Aufenthalts in Paris hat er mich die verschiedenen Präsente für Gesprächspartner und hohe Persönlichkeiten herrichten lassen; aber ich spürte auch, daß ihm meine Anwesenheit nicht gleichgültig war. Am Ende seines Aufenthalts sprach er sein Angebot aus, weiterhin mit ihm zu arbeiten. Ich sollte mich um alles kümmern, was bei seinen zahlreichen Reisen mit dem Protokoll und mit Übersetzungsdingen zusammenhing. Ich fand das wunderbar: der palästinensischen Sache an der Seite ihres Führers zu dienen – ein unverhofftes Privileg. Ich habe ihn in den Senegal, nach Guinea-Bissau, zum Gipfeltreffen der blockfreien Staaten in Belgrad begleitet.

Ich fühlte mich ihm sehr nahe, ich entdeckte sein Bedürfnis, jemanden zu finden, der ihn zu verstehen sucht. Seine Freunde, seine Mitarbeiter behandelten ihn wie einen Gott und überhaupt nicht mehr wie ein menschliches Wesen. Ich war spontan, ich besaß die Impertinenz, die der Jugend eigen ist. An der Seite eines Mannes von der Statur Arafats zu leben, eines Mannes mit seiner Aura, seiner Konzentrationsfähigkeit, seiner Klarsicht und seiner Tatkraft – das, so muß ich gestehen, beeindruckte mich.

Wie jedes Jahr hatten sich die Menschenmassen und mit ihnen die Betriebsamkeit, von der Hauptstadt mit dem Wagen oder dem TGM, dem Tunis-Goulette-Marsa – einem kleinen Zug, der zwischen Tunis und der nördlichen Küste verkehrt –, zu den Stränden aufgemacht: nach La Goulette mit seinen Fischrestaurants und pulsierendem Leben; Sidi Bou Said, wo der Tee mit Minze im Café des Nattes berühmt ist und die Touristenscharen eigens herkommen, um von den Anhöhen aus den Golf von Karthago zu bewundern; La Marsa und seine Fußgängerströme, die auf der Corniche, der Uferstraße an der Steilküste, promenieren; La Marsa und die Gäste des Cafés du Saf Saf, die, ein Jasminzweiglein hinterm Ohr, eine Boga-Limonade schlürfen und dabei zerstreut jenes Kamel beobachten, das sich unablässig im Kreis um einen Brunnen dreht, um mit Hilfe einer Nurija, eines Wasserrads, dessen frisches und klares Wasser heraufzubefördern, das mannigfache, doch unbekannte Eigenschaften besitzt und das die Tunesier mit Wonne aus kleinen, irdenen Schalen trinken. Etwas weiter an der Straße der Strände liegen Gammarth und seine Grandhotels, die schönen Villen und Botschafterresidenzen, darunter auch die des Botschafters von Palästina – eines kleinen, freundlichen Mannes, der wegen seines Takts und seines Geschicks, alle Probleme zwischen den Einheimischen und den Palästinensern lösen zu können, bei den Tunesiern in hoher Achtung stand.

Herr Balawi verstand es indes auch, gewisse Angelegenheiten absichtlich schleifen zu lassen, damit sie sich im Sande verlaufen mochten ...

Da gab es nämlich ein beträchtliches Dilemma, das ihm, und mit ihm zahlreichen Palästinensern in Tunis, Kopfschmerzen bereitete: Wie ließ sich die fortwährende Anwesenheit dieser blonden jungen Frau an Arafats Seite erklären, die weit mehr als eine Beraterin zu sein schien und zudem in der Villa der Rue Tozeur, im Tuniser Stadtteil El-

Menzah, lebte, einer zwischen der Avenue de la Liberté und der Avenue de la Démocratie eingezwängten Straße? Es war ein recht ruhiges Viertel, und gleichwohl standen vor der Hausnummer 39 tunesische Polizisten wie vor all den Villen Wache, die von Mitgliedern der PLO-Führung bewohnt wurden.

Um diese Villa herrschte häufig rege Betriebsamkeit, der Sicherheitsdienst, von dem der PLO unterstützt, steigerte seine Aktivitäten. Arafat kam regelmäßig zum Mittag- und bisweilen zum Abendessen. Eine wahrlich harte diplomatische Nuß. Das Haus war Arafat zugestanden worden, wurde allerdings von Suha Tawil bewohnt. Normalerweise würde das Gebäude demnach für solche Schutzmaßnahmen nicht in Frage kommen. Im übrigen hatte der Botschafter Balawi die Tunesier um nichts dergleichen gebeten. In Kenntnis der Wahrheit hatten jene jedoch nach eigenem Ermessen beschlossen, trotz des fehlenden Ersuchens Sicherungsvorkehrungen zu treffen und somit zu verhindern, einmal mehr mit einem Attentatsversuch konfrontiert zu werden, für den man sie verantwortlich machen könnte. In den Augen des Botschafters von Palästina lief die Bitte um Sicherheitsvorkehrungen für Suha Tawil auf die offizielle Bestätigung dessen hinaus, was für den damaligen Zeitpunkt lediglich ein beharrliches Gerücht über die tatsächlichen Beziehungen der jungen Frau zu Jassir Arafat war.

Der Augenschein war trügerisch und die Wahrheit nur schwer zu fassen. Einige Wochen waren seit ihrer Einführung in Tunis als Wirtschaftsberaterin verstrichen, Suha hielt sich im Büro des Führers der PLO auf. Sie bereiteten gemeinsam seine offiziellen Reisen vor.

Arafat schaute Suha unvermittelt in die Augen und sagte einfach: »Suha, ich möchte mich mit dir vermählen. Meine Absichten dir gegenüber sind ganz und gar redlich und ehrenhaft. Ich will dich heiraten.«

Ich war, muß ich sagen, ein wenig außer Fassung, doch ich spürte, daß sich zwischen uns tiefes Einverständnis, mehr als Freundschaft, entwickelt hatte. Von Jassir Arafat, dem Mann, der für mich die Hoffnung der Palästinenser verkörperte, um die Hand gebeten zu werden ... Mir dröhnte der Kopf. Ich habe ihm geantwortet: »Ja ... einverstanden. Ja, ich glaube, daß ich dich auch liebe.«

Doch er hat sofort hinzugefügt: »Suha, bevor wir jedoch irgend etwas unternehmen, mußt du zuallererst folgendes wissen: Unsere Heirat wird geheim bleiben müssen. Das ist eine unerläßliche Bedingung, sie wird für dich manchmal schwer zu erfüllen sein; aber ich weiß, daß du stark und tapfer bist: also, eine heimliche Ehe.«

»Und meine Eltern?« habe ich ihn gefragt.

»Mach dir keine Sorgen, alles zu seiner Zeit. Im Augenblick müssen wir unser großes Geheimnis ganz für uns behalten. Die derzeitige Lage ist heikel: Wegen der Intifada und der israelischen Unterdrückung würde unser Volk es nicht verstehen, daß ich heirate.«

Ich hatte ja gesagt, ohne allerdings die Konsequenzen dessen zu ermessen und abzuschätzen, wie schwierig es sein würde, weiterhin die Assistentin zu spielen, während ich doch eine Ehefrau war, vor allem in dieser ganz eigenen Welt der palästinensischen Diaspora mit ihrer Größe, ihren Vorhaltungen und manchmal auch ihren Niedrigkeiten.

Am 17. Juli 1990 brach eine friedliche Nacht über Tunis herein. Dieser Tag war heißer als üblich, und die Tunesier erwarteten ungeduldig die Zeit, die ihnen ein wenig Kühle bringen sollte. In den Straßen der Hauptstadt war es eher ruhig, eine bleierne Lethargie machte sich breit. Fetzen orientalischer Musik drangen aus Wohnungen, die Lamellenläden waren zwar geschlossen, doch die Fenster in der Hoffnung auf eine leichte Brise weit geöffnet. Auf der Place Pasteur, in der Nähe des prachtvollen Parc du Belvédère, stehen Baumgruppen, vermischen sich die verschiedenartigsten Düfte, die von Pinien, Palmen, Olivenbäumen, Eukalypten. Hier war die Luft kühler, wir befanden uns auf einem kleinen Hügel, und die Gärten hatten ein wenig von der Frische des Abends bewahren können.

An der Nummer 79 der Avenue Jugurtha, der großen Verkehrsader, die von der Place Pasteur abgeht, liegt eine zwar geräumige, doch recht schlicht aussehende Villa: Jassir Arafats damaliges Büro in Tunis.

Bewaffnete Polizisten, Parkverbot in der näheren Umgebung, ein scharfer Sicherheitsdienst, eine kleine, blau gestrichene Eisentür und im ersten Stock, von der Straße aus sichtbar, eine Art erleuchtetes Erkerfenster. Das Innere der Villa war eigens für Jassir Arafat hergerichtet worden. Hier sollte er arbeiten, sich ausruhen und Besucher empfangen können. Im Erdgeschoß gab es ein großes Büro, von dem alle Weisungen ausgingen – der Gefechtsstand des Kommandeurs, aber auch der des Verwalters, des Finanzmannes und Diplomaten: Ämter, die er in einer Person vereinen mußte. Auf der ersten Etage lagen ein Speise- und zwei Schlafzimmer.

An diesem Abend fand im Erdgeschoß eine kleine, sehr

einfache, bewegende Zeremonie statt, die zudem etwas antiquiert erschien: Zwei Zeugen, über deren Namen Stillschweigen gewahrt werden würde, und ein Imam hatten kurz zuvor erfahren, daß einer der Helden unseres ausgehenden Jahrhunderts und eine junge Frau von siebenundzwanzig Jahren wünschten, Mann und Frau zu werden. Suha feierte außerdem an diesem Tag ihren Geburtstag.

Ich hatte in diese heimliche Ehe eingewilligt, aber mir war wirklich nicht bewußt, daß es so schwer werden würde. Ich liebte Jassir Arafat, wir liebten uns, doch unsere Liebe konnten wir nicht offen ausleben. Ich sollte zum Angriffspunkt aller Kritik, sämtlicher möglichen Sarkasmen werden, die selbstverständlich weder vor mir noch vor meinem Gatten ausgesprochen wurden. Dennoch nahm ich um mich herum all diese Heuchelei, die Gerüchte, die Anspielungen, Eifersucht und Neid wahr.

Ich habe mich letztlich mit der Zeit daran gewöhnt, für mich zählten nur die Arbeit, die ich auch weiterhin zu einem guten Ende bringen wollte, und die Momente inniger Zweisamkeit mit Arafat. An seiner Seite zu leben, erfordert eine große Charakterstärke und auch viel Energie. Verheiratet zu sein und bloß als eine Geliebte angesehen zu werden – da muß man jemanden wirklich lieben, um so etwas zu ertragen.

Ich habe versucht, die Gründe unserer heimlichen Ehe zu verstehen. Ich denke, Arafat war zum Gefangenen jener Antwort geworden, die er irgendwann einem Journalisten gegeben hatte und die zu seiner Maxime geworden war: »Ich bin mit der palästinensischen Sache vermählt.« Für ihn war die Ehe eine Art Tabu, das sein Bild zu beflecken drohte. Er litt unter einer echten psychischen Blockierung. Sein Engagement und seine Verantwortung gegenüber den Palästinensern und der PLO versetzten ihn in eine schwierige Lage, er war der Meinung, weder das Recht zu heiraten noch auf Kinder zu haben. Da ich wußte, daß er General de Gaulle bewunderte, wiederholte ich ihm ständig: »Er hat sich doch auch während des Krieges mit Frankreich vermählt, und trotzdem konnte ihn das nicht daran hindern, eine Frau und Kinder zu haben.«

Diese Situation erwies sich, einer von Suhas Vertrauten zufolge, für sie manchmal als komisch, ja lustig, und bereitete Jassir Arafat einiges Unbehagen. In der arabischen Welt genießt die Assistentin eines Oberhaupts besondere Aufmerksamkeit, vor allem wenn sie jung und hübsch ist und mehrere Sprachen beherrscht. Da sie mit ihm arbeitete, war sie sein Schützling; folglich mußte man also an ihn herantreten, wenn man einen Heiratsantrag machen wollte...

Mehrere Persönlichkeiten, Geschäftsleute, Abgesandte reicher palästinensischer oder afrikanischer Familien vor allem, kamen, um ihre Hand anzuhalten – entweder um sie selbst zu ehelichen oder einen ihrer Söhne mit ihr zu verheiraten. Die Heiratsanträge waren zahlreich – und zumindest seine Verlegenheit gab ihr ein gewisses Gefühl der Genugtuung.

Wie soll ein Mann es hinnehmen, daß er um die Hand der eigenen Gemahlin angehalten wird?

Er weigerte sich nach wie vor beharrlich, unser Geheimnis zu lüften. Und da er mich leiden sah, sagte er zu mir: »Du mußt das durchstehen, tapfer sein.«

Tapferkeit ist etwas ganz Wesentliches für ihn: Niemals der Verzweiflung verfallen, sondern sich aufrappeln, wenn man den Tiefpunkt erreicht; das macht sein Leben und seine Charakterstärke aus. Ich aber, ich bin nicht Jassir Arafat...

Ich hatte eine muslimische Trauung, obwohl ich griechisch-orthodoxe Christin bin, was weder für ihn noch für mich ein Hemmnis war. Wenn man sich mit einem Staatschef vermählt, ist es nur normal, die Religion des Ehemanns anzunehmen. Ich bin zum Islam übergetreten, ich lese den Koran; doch das hindert mich nicht daran, in die Kirche zu gehen, wenn ich das Verlangen danach spüre.

Der wahre Islam ist sehr liberal. Arafat legt großen Wert auf diese Toleranz, die Akzeptanz der Religion anderer, insbesondere der drei monotheistischen Religionen, die auf dem Glauben an denselben Gott basieren. Wie könnte man auf dem Boden Palästinas, der derart mit der Geschichte des Monotheismus befrachtet ist, Fanatismus dulden? Wir glauben an denselben Gott. Unser Ringen ist ein Kampf um die Wiedererlangung einer nationalen und nicht einer religiösen Identität; in unserer Widerstandsbewegung stehen Muslime, Christen und Juden Seite an Seite.

Zum Beleg von Arafats diesbezüglicher Entschlossenheit steht die Tatsache, daß er der einzige Verantwortliche im Nahen Osten, Israel eingeschlossen, ist, der sowohl den 25. Dezember zum Feiertag erklärt hat, also das Fest der Geburt Christi für die römischen Katholiken, als auch den

7. Januar, an dem die Griechisch-Orthodoxen dasselbe Ereignis begehen. Das war einer der ersten Erlasse nach seiner Ankunft in Gaza.

In Gaza trifft man häufig auf Ordensfrauen, und vor allem auf Schwestern vom Heiligen Rosenkranz, die eine Schule mit beinahe zweitausend Kindern, Muslimen wie Christen, führen. In einer ähnlichen Geisteshaltung werden wir unserer Ansicht nach Schulen und Kliniken bauen müssen. Und auch hier ist jeder gute Wille gern gesehen.

Suha Tawil empfand ihr Schattendasein hinter den Kulissen als überaus hart. Sie war in die Welt einer Geheimorganisation eingetaucht, deren Vorsitzender als Staatschef betrachtet wurde, ohne daß er jedoch dessen Status und protokollarische Verpflichtungen innehatte. Dabei handelte es sich zudem um eine mediterrane und orientalische Welt, in der es einem Waffenbruder schwerfiel hinzunehmen, daß plötzlich eine Frau zwischen ihm und Arafat stand – die obendrein noch allem Anschein nach nicht den Stand einer Ehefrau hatte. Arafats Vertraute konnten diese Veränderung nicht begreifen. Er gehörte vorrangig ihnen.

Und zu alledem kam noch der Altersunterschied hinzu.

Ich bin glücklich mit einem Mann, der älter ist als ich. Es gibt Männer um die Dreißig, die schon recht alt sind und mit denen man sich langweilt. Jugend ist keine Frage des Alters. Arafat ist ein Mann, der mehrere Leben gelebt hat und jedesmal als junger Mann wiedergeboren wird. Diese Altersfrage hat mich nicht einen Augenblick berührt. Schauen Sie sich doch mal die vielen Beispiele an, von Charlie Chaplin über Yves Montand, Alain Delon und

Johnny Hallyday bis hin zu Paul-Emile Victor* ... Das Leben ist ein langer, steiler Weg, den man nur erklimmen kann, wenn man die belebenden Rasten, die sich einem bieten, nicht verschmäht. Sonst kommen Sie niemals zufrieden und glücklich ans Ziel. Vielleicht liegt genau darin das Geheimnis von Jassir Arafat.

Ich setzte meine ständigen Reisen fort und sagte mir manchmal in meinem Kummer, daß die Dinge anders wären, wenn meine Heirat öffentlich bekanntgegeben würde. Mit immerzu der gleichen Frustration reiste ich an seiner Seite durch die Welt: Ich konnte es nicht mehr ertragen, andauernd diskreditiert zu werden. Ich hatte den Eindruck, daß manche seiner engen Vertrauten mich totschwiegen, abdrängten. Doch ich sah wohl, wie fruchtlos ihre Bemühungen waren, wenn sie versuchten, vor mir aus dem Flugzeug zu steigen, um auf dem Foto zu sein ...

Unsere Reise nach Indien im Jahr 1991 erwies sich für mich als sehr lehrreich. Arafat erhielt den Nehru-Preis, und ich hatte das Glück, Mutter Teresa zu begegnen. Welch eine wunderbare Frau! Während ich die Männer ihren diplomatischen Unterredungen überließ, habe ich mit ihr ihre Waisenhäuser und ihre Hilfszentren besichtigt.

Wie sie so vor mir hin und her ging, wirkte sie so klein, zart und alt, doch welch eine Kraft und Energie strahlte sie noch aus ... Sie sprach nur von ihren Projekten und davon, daß sie aufbauen, ein Werk fortführen wolle, das im Angesicht von soviel Leid und Elend titanisch schien. Sie sagte zu mir: »Man muß um sich herum Gutes tun, Sie werden

* Französischer Polarforscher *(Anm. d. Ü.)*

immer dafür belohnt werden. Den Lohn wird Ihnen aber niemand geben, Sie werden in sich selbst spüren, wie er Sie erfüllt. Und diese Freude, die einem die Kraft verleiht zum Weitermachen, ist das wahre Glück.«

Von den wenigen mit jener Heiligen zugebrachten Stunden bin ich voller Stärke, Entschlossenheit und Mut heimgekehrt. Sie hatte mir ein wenig ihrer Energie übertragen. Im Laufe all der Jahre habe ich Momente des Überdrusses, der Verzweiflung erlebt, doch hielt ich meine Liebe zu Arafat weiterhin aufrecht. Und dann stellte ich fest, daß sich in ihm, in seinem Verhalten, seiner Wesensart etwas veränderte. Er war ruhiger, nicht mehr so nervös, seine Lebensauffassung erschien mir weniger streng. Und meinen Ängsten zum Trotz nahm ich mich fortwährend zusammen, um den Druck nicht noch zu verstärken, der im Alltag auf ihm lastete.

Von Zeit zu Zeit, wenn ich kurz davor war, die Nerven zu verlieren, brach ich sofort nach Paris auf, um ein paar Tage bei meiner Familie zu verbringen. Doch er rief mich jedesmal sehr schnell nach Tunis zurück.

Das Geheimnis zu bewahren, das uns aneinander band, fiel mir sehr schwer. Während meiner kurzen Aufenthalte in Paris mußte ich wohlauf und freudestrahlend erscheinen, um die Meinen nicht in Sorge zu versetzen. Es war nicht immer einfach, den verfänglichen Fragen meiner Mutter zu antworten, die nach wie vor nicht verstehen konnte, weshalb ich mir kein eigenes Häuschen oder eine Wohnung mietete.

Ich litt bereits im voraus fürchterlich darunter, daß die unerfreulichen Gerüchte sie sicher schon bald an ihrer Tochter zweifeln lassen würden. Aber ein Staatsgeheimnis bedeutet eine Verpflichtung, die man nicht brechen darf. Und meine Mutter quälte mich unaufhörlich mit derselben Frage: »Was ist zwischen dir und Arafat? Sag mir die Wahrheit.«

– 12 –

1990: ein Jahr, das im Nahen Osten stürmisch zu werden drohte. Die heftigen Spannungen unter den arabischen Staaten drohten zu eskalieren. Da der Krieg zwischen dem Irak und dem Iran beendet war, forderten die Golfstaaten, vor allem Kuwait, daß Saddam Hussein seine Verbindlichkeiten nun beglich. In der Tat hatten die Golfmonarchien, einschließlich Saudi-Arabien, finanziell zu Iraks kriegerischen Anstrengungen gegen das Mullah-Regime beigetragen. Saddam Hussein jedoch, Oberhaupt eines infolge des Krieges ausgebluteten Landes, wenn auch einer der wichtigsten erdölfördernden Staaten der Welt, vertrat seinerseits die Ansicht, daß die Millionen von Dollars den Preis darstellten, den die arabischen Monarchien zu bezahlen hätten, da der Irak ihnen ja als Schild gegen die fundamentalistischen Ziele Teherans gedient habe.

Als argwöhnischer Diktator an der Spitze einer mächtigen Armee, mit schlagkräftigem Kriegsgerät gerüstet, das von der westlichen Welt, wie auch von der Sowjetunion geliefert wurde, hatte er von seinen Nachbarn nichts zu befürchten, die er in ein paar Stunden vernichten konnte.

Seit dem Staatsstreich, der ihn an die Macht gebracht hat, ist Saddam Hussein absoluter Herrscher über Bagdad. Als überzeugter arabischer Nationalist machte er die Hilfe für Palästina zu seinem persönlichen Kredo. Aus der Baath-

Partei – der besonderen Ausprägung panarabischen Sozialismus – hervorgegangen, betrachtet er den Kampf gegen Israel als eine Pflicht, von der er nicht abweichen würde.

Palästina war das Schlüsselwort, das die Völker der arabischen Welt zusammenschweißte. Wie viele Verbrechen wurden doch in seinem Namen begangen, je nach Lage der Interessen des Augenblicks und des regionalen militärischen Gleichgewichts ... Saddam Hussein hatte zuerst Arafat, dann Georges Habash von der Volksfront zur Befreiung Palästinas unterstützt. Darüber hinaus hatte er eine vollkommen unter seiner Kontrolle stehende palästinensische Bewegung, die Arabische Befreiungsfront, gegründet. Dann hatte er die Terrorgruppe Abu Nidals aufgenommen und bisweilen auch zu Aktionen veranlaßt, auf deren Konto mehrere Morde an PLO-Mitgliedern oder Palästinensern gehen, die einem Dialog mit den Israelis wohlwollend gegenüberstanden. So sah die Situation in der arabischen Welt aus, in der der Feind des Morgens zum Freund des Abends wird.

1990 war Jassir Arafat *persona grata* in Bagdad. Er hielt sich regelmäßig in der irakischen Hauptstadt auf, und seine Beziehungen zu Saddam Hussein waren so gut, wie die Kontakte zum Syrer Hafis al-Assad, der weiterhin für die Dissidenten der PLO in Damaskus aufkam, miserabel nur sein konnten.

Bagdad – ein magischer Name, der die Herrlichkeiten der Kalifen des Islam, von Tausendundeiner Nacht, von Sindbad dem Seefahrer beschwört, in der die Wirklichkeit jedoch vielmehr dem Bild von Männern mit dichtem Schnurrbart und dem ewigen gestreiften Anzug – einer Art Uniform der *muchabarat,* der Geheimpolizei – nahekommt. Das Leben in Bagdad war damals eher angenehm. Der Islam gab sich hier tolerant, und an Whisky herrschte kein Mangel, um damit die Gerichte von gegrilltem Fisch (den *masguf*) zu begießen, die in den Restaurants am Fluß aufgetragen werden.

Diese sich nur in der Länge ausdehnende Stadt zieht sich auf annähernd zwanzig Kilometer an den beiden Ufern des Tigris dahin, der sich weiter unterhalb in den Sümpfen von Basra mit den Wassern des Euphrat vereinigt. Mesopotamien und seine geheimnisvollen Zivilisationen, wie das antike Ninive oder das Babylon des Nebukadnezar, schauen auf Bagdad und seine bewegte Gegenwart.

Arafat hielt hier von Ende 1990 bis Anfang 1991 mehrere Treffen mit Mitgliedern der PLO-Führung ab. Auf der Tagesordnung stand die Situation in den besetzten Gebieten, wo der Krieg der Steine, die Intifada, der israelischen Armee alltäglich schwer zu schaffen machte. Die PLO sondierte darüber hinaus die Vorschläge des amerikanischen Außenministers James Baker, der den Friedensprozeß wieder in Gang zu bringen suchte, indem er eine Konferenz vorbereitete, bei der sich Araber und Israelis an einem Tisch gegenübersitzen sollten. Diesbezügliche Verhandlungen hatten sich in der Frage festgefahren, auf welche Weise die Palästinenser, ob in der arabischen Delegation integriert oder unabhängig, daran beteiligt sein würden. Die Bemühungen Bakers sollten letztlich nach der Invasion Kuwaits und dem Krieg gegen den Irak in den Madrider Friedensgesprächen münden.

Mehrere arabische und westliche Journalisten nahmen an den Unterredungen von Bagdad teil und wurden zu aufmerksamen Zeugen der Ereignisse, die nun folgten.

Raymonda Tawil war von Jassir Arafat eindringlich gebeten worden, ohne Aufschub nach Bagdad zu reisen. Zu diesem Zeitpunkt sollte sie sich eigentlich in die besetzten Gebiete zurückbegeben, um ihre einige Jahre zuvor von den israelischen Behörden geschlossene Presseagentur wieder zu aktivieren. Doch der Vorsitzende der PLO offenbarte ihr, daß ihr Leben in Gefahr sei, daß er über präzise Informationen hierzu verfüge und es für sie im Augenblick keineswegs in Frage komme, nach Jerusalem zurückzukehren.

Von den Gerüchten hinsichtlich ihrer Tochter zunehmend gereizt, nahm sich Raymonda fest vor, dieses Problem während ihres Besuchs in Bagdad anzusprechen und in Erfahrung zu bringen, wie sich die Sache denn nun tatsächlich verhielt.

Was ist dann zwischen Suha, Raymonda und Arafat vorgefallen?

Darüber gibt es mehrere Versionen, zunächst die offizielle, die von Suha und ihrer Mutter: Sie bestätigen, daß Raymonda im Verlauf zweier Begegnungen – eine in Bagdad, die andere in Tunis, am 29. Oktober 1991 – in überaus nachdrücklicher Weise darum gebeten habe, den Gerüchten Einhalt zu gebieten, die über die Beziehungen zwischen ihrer Tochter und Arafat kursierten. Letzterer habe ihr daraufhin versichert, mit Suha legal verheiratet zu sein. Frau Tawil habe den Beweis dafür verlangt, der ihr auch erbracht worden sei. Beide Begegnungen seien zwar bisweilen etwas stürmisch verlaufen, jedoch in gegenseitigen Beglückwünschungen zu Ende gegangen.

Die offiziöse Version: Genaue Informationen, die von Augenzeugen wiedergegeben und weltweit von mehreren Zeitungen sowie dem israelischen Radio übernommen wurden, machen deutlich, daß Raymonda Tawil dieser Ehe ablehnend gegenüberstand. Der amerikanische Autor Alan Hart legt dies in dem Kapitel *»Secret Love, Secret Marriage«* (Geheime Liebe, heimliche Hochzeit) seines Werkes mit dem Titel *Arafat* dar, einer detailreichen Biographie über das Leben des PLO-Chefs.

Darüber hinaus soll, jenen Zeugen zufolge, der Wortwechsel zwischen Jassir Arafat und Raymonda Tawil eher scharf gewesen sein.

Während eines Abendessens in Bagdad war die Liaison zwischen ihrer Tochter und Jassir Arafat offensichtlich. Doch Suha offenbarte ihr Geheimnis noch immer nicht. Erst in Tunis dann erhielt Raymonda den Beweis für die Heirat.

Um es kurz zu machen mit der Enthüllung der heimlichen Heirat von Jassir Arafat und Suha, sei noch erwähnt, daß eine AFP-Eilmeldung vom 2. Februar 1992 verkündete: »Aus sicherer Quelle haben wir erfahren, daß Monsieur Jassir Arafat im Januar seine Wirtschaftsberaterin Mademoiselle Suha Tawil, 28, der Konfession nach griechisch-orthodoxe Christin, inzwischen aber zum Islam konvertiert, geheiratet hat.«

Die Daten stimmten zwar nicht überein, aber was kümmert es? Suha war nun offiziell verheiratet.

– 13 –

Aus seinem Hauptquartier in Tunis trieb es Arafat unablässig auf Reisen. Er eilte von einer Hauptstadt zur anderen. Es gelang ihm einfach nicht, zur Ruhe zu kommen. Und im übrigen, was sollte er auch andauernd hier, so fern vom Kriegsschauplatz? Tunesien hatte ihn herzlich aufgenommen, aber Tunis ist nicht Beirut mit seinen heißen Straßen, seiner Meerespromenade, der Betriebsamkeit, den Kämpfen und Intrigen. Ihm fehlt die Aktion.

Das süße Leben in Tunis, der Jasmin, der Couscous, das »complet poisson«, das große Fischmenü, und die Badeorte an den ausgedehnten feinsandigen Stränden betörten gleichwohl manch einen seiner Exilgefährten und vor allem deren Ehefrauen. Obwohl sie absolute Solidarität mit der Revolution, mit der Sache ihrer kämpfenden Brüder, zur Schau trug, hatte die Bevölkerung nur sehr wenig Kontakt zu den mehreren tausend Palästinensern, die sich im Land aufhielten.

Dem Schatten der uralten Gummibäume an der Avenue Bourgiba und ihren Blumenverkäufern, dem Herzen Tunis' mit seinen Bewohnern aus dem einfachen Volk, zogen Arafats Kämpfer die neuen Viertel von El-Menzah vor. Weit empfänglicher für den internationalen Unterricht, den das französische Lyzeum von Mutuelleville anbot, überließen sie den Tunesiern die überfüllten Schulen von Bab Souika.

Wahr ist allerdings, daß Tunesien sie sehr wohl aufzusaugen vermochte, sie integrieren und so ihrer Identität berauben könnte, wie es dies auch mit anderen Gemeinschaften tat, die an seine Küsten verschlagen wurden. Schon fanden in den Salons des Hilton oder des Abu-Nawass-Hotels einige tunesisch-palästinensische Hochzeitsfeiern statt.

Gleich Odysseus und dessen Gefährten auf der Insel der Lotophagen – Djerba – wäre Jassir Arafat am liebsten sogleich wieder in See gestochen, um ins östliche Mittelmeer heimzukehren. Jedoch nicht in das Reich Ithaka, wo, Homer zufolge, die treue Penelope ihres Gemahls harrte, des Mannes der tausend Listen, der allen Gefahren gespottet hatte, sondern in das Reich Arafats, Palästina. Trotz des Gesangs seiner Sirenen würde Tunesien lediglich eine Etappe bleiben.

Die Folgen des Golfkriegs waren für Arafat katastrophal. Saudi-Arabien und die Golfmonarchien hatten ihm nach dem Kuß, den er Saddam Hussein gab, die großzügigen Hilfsgelder für die palästinensische Sache entzogen. Die PLO geriet finanziell in eine kritische Lage. Die Funktionäre der Organisation hatten seit Monaten keine Bezahlung mehr erhalten, und es wurden erste Stimmen gegen den Führer und seine autokratischen Methoden laut. Die Verhandlungen über eine friedliche Lösung hatten zwar mit der Konferenz von Madrid begonnen, fanden jedoch bei den traditionellen Gegnern der PLO, den Militanten der Befreiungsfront des Georges Habash oder der Demokratischen Front des Najaf Hawatmeh, zunehmend weniger Anklang. Und obendrein stieß Arafat nun auf Feindseligkeit von seiten der Moderaten im Innern seiner eigenen Bewegung, der Fatah. Diese vertraten die Ansicht, daß die Verhandlungen nichts erbracht hätten und sich in die Länge zögen, daß vor Ort, im Westjordanland und im Gazastreifen, die israelische Repression infolge der Intifada nach wie vor unerbittlich sei. Durch die Ermordungen von Abu Djihad – des Mannes, der die Intifada kontrollierte – in Tunis im Jahre 1988 sowie 1991 von Abu Ijad und Abu al-Hul, seinen Militärchefs, sah sich Arafat genötigt, die Zügel des bewaffneten Zweigs seiner Organisation wieder allein in die Hand zu nehmen. Er vertraute niemandem mehr. Unter dem Datum 9. April 1992, einem Donnerstag, stand auf Arafats Terminkalender eine Sondersitzung des Palästinensischen Nationalrats in der Avenue Jugurtha. Die Versammlung drohte lebhaft zu werden, und der PLO-Führer könnte dabei in die Minderheit geraten.

Von seiner grimmigen Tatkraft angetrieben und wie immer am Vorabend einer wichtigen Sitzung, gefiel Arafat sich darin, unter Beweis zu stellen, daß er sich nicht einschüchtern ließ und sein Werk unermüdlich fortsetzte. Im Gegenteil, seine Verleumder mußten sich eher vor seinen beißenden Entgegnungen in acht nehmen.

In der vorangegangenen Woche hatte er sich nach Tripolis begeben, um sich dort mit Oberst Ghaddafi zu treffen. Am darauffolgenden Montag befand er sich in der sudanesischen Hauptstadt Khartum zu einer Unterredung mit dem Juntachef General Umer Hassan al-Bechir. Vor der kommenden Sitzung in Tunis verspürte Arafat das Bedürfnis, sich der Treue seiner Truppen zu vergewissern. Seine nach dem Abzug aus Beirut verstreuten Soldaten lebten in mehreren muslimischen Ländern, wie etwa im Sudan, häufig sogar mitten in der Wüste, und vegetierten meist unter beschwerlichen Bedingungen dahin.

Arafat traf sich gerne mit ihnen, um ihr Mahl mit ihnen zu teilen. Bei ihnen nahm er das einfache Leben des Kämpfers wieder auf, das ihn gleichsam dopte, ihn regenerierte, ihn an die schweren, doch intensiven Stunden des Kampfes im Libanon erinnerte. Hier schöpfte er neue Kraft, um den »Politikastern« der PLO entgegenzutreten. Es beruhigte ihn zu wissen, daß seine Soldaten, selbst ans Ende der Welt verschlagen, noch immer an ihn und an Palästina glaubten. Dies waren seine alten Kampfgefährten, die ihm seit dem Anfang seines Abenteuers überallhin gefolgt sind: disziplinierte und geordnete Truppen. Die treue Armee der letzten Gefechte, die ihm bei jeder Gelegenheit dienen würde.

An diesem Dienstag, dem 7. April, verließ Arafat abends gegen 19 Uhr Khartum, um nach Tunis zurückzufliegen. Sein Flugzeug mußte Libyen überqueren und zum Auftanken eine Zwischenlandung in der Oase Kufra vornehmen. Bei der in Guinea-Bissau registrierten Maschine handelte es sich um eine Antonow AN26, ein recht verbreitetes russisches Flugzeug von großer Zuverlässigkeit, das von zwei Turboprop-Triebwerken angetrieben wird. Zwei der Piloten waren Palästinenser, der dritte war rumänischer Herkunft. Vor dem Abflug aus Khartum hatten sie den PLO-Chef gebeten, ihnen eine Widmung unter das am Vorabend aufgenommene Erinnerungsfoto zu setzen. In Tunis angelangt, würden sie wieder zum Heimatflughafen ihrer privaten Fluggesellschaft zurückkehren.

Bei diesen stets von allergrößter Geheimnistuerei umgebenen Reisen benutzte Arafat seinen Bedürfnissen entsprechend Flugzeuge, die ihm arabische Staatschefs oder reiche palästinensische Geschäftsleute, von denen es einige in Afrika gibt, zur Verfügung stellten.

Beim Start war alles in bester Ordnung, dreizehn Personen befanden sich an Bord: neben den drei Besatzungsmitgliedern Arafat und seine neun Leibwächter. Während des Fluges kündigten libysche Radarstationen einen überaus heftigen Sandsturm im gesamten Mittelmeergebiet an. Der Flugplatz von Kufra war unbenutzbar, wegen der starken Sandwirbel ließen die Sichtverhältnisse rapide nach. Die Piloten beschlossen, weiter nach Süden auszuweichen, Kurs auf den dreihundert Kilometer von Kufra entfernten Flugplatz Al-Sarra einzuschlagen. Die Maschine mußte um jeden Preis landen, um auftanken zu können. Die Sandwinde drohten das Flugzeug wie einen Pfannkuchen umzudrehen oder auch die Turboprop-Triebwerke völlig zu verstopfen und dadurch einen nicht mehr kontrollierbaren Sturzflug der Maschine zu verursachen.

Um 20:40 Uhr empfing der Flugsicherungsdienst in Tripolis folgenden Funkspruch: »Sonderflug Khartum–Tunis, Landung unmöglich. Flugplatz Al-Sarra, versuchen *crash landing,* eine Notlandung.«

Fünf Minuten später konnten die libyschen Radarstationen Jassir Arafats Antonow auf ihren Bildschirmen nicht mehr erkennen. Der Funkkontakt war abgebrochen. Es wurde Alarm ausgelöst. Jassir Arafats Maschine war in der Wüste abgestürzt.

In Tunis, in der Rue Tozeur 39, begann eine Nacht der Angst. Kaum drei Monate waren vergangen, seit die Vermählung zwischen Suha und Arafat offiziell bestätigt wurde, und schon war sie allein. Die Nachricht verbreitete sich durch die ganze Welt und löste ein wahres Erdbeben aus. Die PLO ersuchte die Amerikaner und Frankreich um Hilfe bei dem Versuch, die Absturzstelle zu lokalisieren.

Eine eigenartige Stille hatte sich plötzlich über das kleine Salon-Büro im ersten Stock von Frau Arafats Haus gelegt. Sie war von allen vergessen. Und im übrigen – als was galt sie eigentlich in den Augen der meisten PLO-Verantwortlichen? Ihr Status als Ehefrau war ja gerade erst offiziell bekanntgegeben worden!

Ich saß mit einemmal völlig allein in meinem Haus, von allen im Stich gelassen, schon ganz wie eine Witwe. Niemand war bei mir, niemand rief mich an, um sich zu erkundigen, ob ich irgend etwas bräuchte, um mir Mut zuzusprechen – oder doch, einer: nämlich Bassam Abu Scharif, der Berater und Sprecher meines Ehemanns. Er jedenfalls hat sich als ein treuer Freund erwiesen. Die einzigen, auf die ich in Tunis zählen konnte und die sich mir gegenüber korrekt verhielten, waren Faruk Kaddumi und Oum Djihad.

Ich hatte mich in meinem Salon-Büro im ersten Stock verschanzt und unentwegt gebetet, in der Hoffnung auf irgendwelche Nachrichten, ein Wunder. Ich schaute mir nacheinander die zahlreichen Fotos von Jassir Arafat an, die an der Wand hingen oder als Teil des Mobiliars in Zierrahmen standen. War es möglich, daß unsere Ehe auf diese Art endete – eine Ehe, für die ich einen solch hohen Preis bezahlt hatte?

Seine Lieblingsbilder: er selbst als ganz junger Mann von dreiundzwanzig Jahren in Kairo, während er General Negib im Jahr 1952 eine mit Blut geschriebene Petition zugunsten Palästinas überreicht; Nasser in seinem Empfangszimmer, 1967, nach der Niederlage im Sechstagekrieg, umgeben von Jassir Arafat, Abu Hul, Abu Ijad und Faruk

Kaddumi. Die Hoffnung der Palästinenser ruhte auf ihnen. Arafat in Kampfuniform auf Beiruts Straßen. Arafat und Abu Djihad mit Oum Djihad, dessen tapferer Gattin, an ihrer Seite. Arafat auf dem Podium der Vereinten Nationen; und dann natürlich die schönen Fotos von Arafat und mir. Die Nacht rückte vor, und ich hatte noch immer keine Nachricht erhalten. Ich blieb gebannt vor dem Radio sitzen. Ich erfuhr, Präsident Mitterrand habe seine Zustimmung gegeben, daß sich Angehörige der französischen Armee an den Suchaktionen beteiligten.

Plötzlich kam mir ein absonderlicher Gedanke in den Sinn. Ich glaube nicht unbedingt an Hellseherei, aber in solchen Momenten bin ich bereit, mich an jeden erdenklichen Einfall zu klammern, der mir Hoffnung geben könnte. Ich setzte mich an meinen kleinen Schreibtisch, auf dem überall Arafats persönliche Sachen herumlagen. Mit einer Goldkette, die ich gewöhnlich mit einem kleinen Koran daran um meinen Hals trug, bastelte ich mir ein Pendel, und schon legte ich los. Zunächst wählte ich ein Foto des Vaters von Lady Di in der französischen Zeitschrift *Paris-Match*. Das Pendel rührte sich nicht. Sobald ich es aber über Arafats Foto hielt, bewegte es sich und schwang heftig hin und her. Unglaublich. Was konnte eine solche Reaktion bedeuten? Ich klammerte mich mit ganzer Kraft an eine schwache Hoffnung, und dennoch sagte ich mir, daß ich rational bleiben mußte. Ein paar Minuten später wiederholte ich das Experiment, diesmal aber mit einem Buch von General de Gaulle, dessen Bild auf dem Umschlag abgedruckt war – das gleiche Ergebnis: Das Pendel schlug über Arafats Foto aus und stand über dem des Generals de Gaulle still. Sollte ich darin ein Zeichen sehen, daran glauben? Ich sagte mir: Ich muß weiter beten, ich muß beten. Ich sank in eine Art Halbschlaf, einen Dämmerzustand, in dem ich nur noch das Walkie-talkie hörte, das mich mit dem Sicherheitsdienst vom Büro meines Ehemanns verband und das von Zeit zu Zeit eine knappe und stets gleiche Meldung vernehmen ließ: »Noch immer nichts Neues.«

Die Nachricht von Jassir Arafats Verschwinden ging um die ganze Welt. In den Straßen der besetzten Gebiete stürzten Männer, Frauen und Kinder mitten in der Nacht aus den Häusern und skandierten weinend den Namen von Arafat. Schon begann man in den Hauptstädten der Weltmächte die Konsequenzen dieses plötzlichen Vakuums zu erkunden, die zwangsläufig den Nahen Osten grundlegend erschüttern würden. In Jerusalem rieb Schamir sich für seinen Teil die Hände.

An diesem Mittwoch, dem 8. April, sah ich weder die Nacht enden noch den Tag anbrechen. Ich befand mich in einem Zustand tiefer Niedergeschlagenheit und Erschöpfung. Gegen 9:30 Uhr ließ mich das Klingeln des Telefons hochfahren. Einer der Offiziere verkündete mir: »Man hat ihn gefunden. Er lebt!«

Im selben Augenblick brach ich in Schluchzen aus, in ein langes, lautes Schluchzen; ich weinte, konnte gar nicht mehr aufhören damit. Er war am Leben. Meine Furcht legte sich, aber ich stand noch unter Schock. Meine Beine trugen mich nicht mehr. Ein paar Minuten später erfolgte ein weiterer Anruf. Unglaublich: Es war einer der Leibwächter, die mit ihm nach Khartum gereist waren. Er sagte ganz einfach nur: »Alles in Ordnung, er will dich sprechen.«

Die Stimme war weit weg, aber er war es tatsächlich, daran bestand kein Zweifel. Ich wußte nicht, was ich ihm sagen sollte.

Ich fragte ihn lediglich: »Wie geht's dir . . .?«

»Mach dir keine Sorgen.«

Ich war kurz davor, wieder in Tränen zu zerfließen, doch ich beherrschte mich, bis ich aufgelegt hatte. Ich dachte: Welch ein Wunder, das ist wirklich ein Wunder! Er konnte nicht auf diese Weise entschwinden. Das palästinensische Volk braucht ihn doch noch, und ich auch . . . Zu diesem Zeitpunkt hatte er erst mit drei Menschen Kontakt aufgenommen: mit seinem Bruder Fathi, der als Arzt in Kairo lebt, mit Faruk Kaddumi und mit mir.

Ich mußte wieder weinen, und von dem Augenblick an hörte das Telefon nicht mehr auf zu klingeln. Die ganze Welt freute sich unbändig. Jene, die ich am Vorabend nicht zu Gesicht bekommen hatte, liefen nun herbei. In der Nacht noch ganz allein und verlassen, und nun war mein Salon zum Brechen voll. Ich dachte daran, was Arafat mir immerzu gesagt hatte: »Man muß hart gegenüber sich selbst sein, sich abhärten; man darf sich nicht unterkriegen lassen – unter welchen Umständen oder Widrigkeiten auch immer.«

Der Präsident des Jemen war einer der ersten, der mich anrief und anbot, mir ein Flugzeug zur Verfügung zu stellen, damit ich nach Libyen fliegen könnte.

Was war in dieser Wüste geschehen?

Er hat es mir später in allen Einzelheiten erzählt. Da die Sicht gleich null war, beschlossen die Piloten, eine Notlandung zu versuchen, und baten Arafat, sich zu setzen und den Sicherheitsgurt anzulegen. Er aber wollte in der Pilotenkanzel bleiben. Schließlich willigte er dann doch ein, sich von seinen Leibwächtern wie von einem menschlichen Schutzwall umgeben im Passagierraum zu setzen.

Der Lärm im Innern des Flugzeugs war infernalisch, der Sandsturm ließ den Rumpf wie einen Strohhalm erzittern. Bereits in Bodennähe, erfaßten die Piloten im Bruchteil einer Sekunde, daß ihnen nur eine Möglichkeit blieb, wenn sie die Passagiere retten wollten: Das Flugzeug durfte nicht bäuchlings, sondern mit der Nase voran aufkommen. Und genau das taten sie, wobei die drei sich selbst opferten, damit Jassir Arafat eine Chance erhielt, mit dem Leben davonzukommen...

Die Maschine war in mehrere Teile zerschellt. Die Mitglieder der Crew röchelten noch leise. Sie starben kurz darauf an ihren schweren Verletzungen. Es waren mutige Männer.

Unter den Trümmern des Flugzeugs hatte Jassir Arafat lediglich einen Schock davongetragen, er blieb bei Bewußtsein, bis zum Schluß bei klarem Verstand. Seine neun Leibwächter waren verletzt, aber am Leben. Sofort ergriffen sie erste Maßnahmen zum Überleben. Die Nacht war hereingebrochen, und der Sandsturm blies noch immer. Es war sehr kalt in der Wüste. Mit den Überresten der Sitze und anderen Bruchstücken entfachten sie ein Feuer, um sich zu wärmen, aber auch um die wilden Tiere, vor allem die Hyänen, fernzuhalten, die sie in der Umgebung hörten. Arafat hatte seine Kaltblütigkeit nicht verloren, und nach dem Verbinden seiner gröbsten Wunden verabreichte er jedem seiner Begleiter Antibiotika. (Wenn er auf Reisen geht, führt er in seinem Handkoffer immer Medikamente mit. Vor seinem Abflug nach Khartum hatte ich ihn gebeten, alle Medikamente wegzuwerfen, deren Verfallsdaten mir überschritten schienen. Zum Glück hatte er sie aufbewahrt. In einer seiner Jackentaschen fand er sogar Cachous, seine bevorzugten Bonbons.)

Sie verbrachten die ganze Nacht mit Beten und Psalmodieren von Koransuren. Am frühen Morgen wurden sie von den Rettungsmannschaften aufgefunden und von Al-Sarra nach Tripolis gebracht. Das Flugzeug war siebzig Kilometer von der Basis entfernt zerschellt.

Jassir hatte unter anderem befürchtet, die Israelis könnten sie vor den libyschen Kräften lokalisieren und einen Bombenangriff gegen sie unternehmen, was jedoch nicht der Fall war.

In Tunis riß der Aufmarsch an meiner Tür nicht ab. Diese Ereignisse waren mir eine weitere Lehre, ein Sieg über die Heuchelei. Anderntags haben sich einige Mitglieder des Exekutivkomitees nach Tripolis begeben, und ich bin mit ihnen gereist. Die Libyer waren ein wenig erstaunt, diese Blondine aus dem Flugzeug steigen zu sehen. Ich wurde von Oum Djihad begleitet.

Im Krankenhaus lag Jassir auf seinem Bett ausgestreckt, die Augen geschwollen, einen Verband um den Kopf. Ich habe sogleich verlangt, mit den Ärzten zu sprechen, um mich genauestens über den Zustand seiner Verletzungen zu erkundigen und mich zu vergewissern, daß alle Verbände vorschriftsgemäß angelegt worden waren. Es war etwas peinlich, daß ich mich derart um ihn kümmerte, aber unter dem Schock hatte der Arme keine Zeit gehabt zu sagen, daß ich seine Frau war. Mir wäre es lieber gewesen, wenn er sich etwas ausgeruht hätte, da er nach der in der

Wüste zugebrachten Nacht und vor allem nach einem solchen Unfall geschwächt war. Aber das ließ sich nicht ermöglichen: Dutzende von Personen stürzten in sein Zimmer, um ihn zu küssen und zu umarmen, darunter auch Präsident Ghaddafi und die Mitglieder der libyschen Regierung. Sie wollten sich mit ihm fotografieren lassen, weil sie meinten, ihm sei ein Wunder widerfahren; sie sahen ein Zeichen Gottes in dem Umstand, daß er dem Tod entronnen war.

Ich bin zwei Tage an seinem Krankenlager geblieben. Am dritten Tag hat Jassir darum gebeten, nach Tunis zurückzufliegen. Es wurde eine triumphale Heimkehr: eine offizielle Begrüßung mit Ehrengarde und Nationalhymnen. Präsident Ben Ali war zugegen, wie auch die meisten tunesischen Führungspersönlichkeiten. Er mußte beinahe zwanzig Minuten lang stehen, während ihn die Mitglieder der PLO, die Tunesier und die Botschafter begrüßten. Was mich betraf, hatte ich kein Verlangen danach, die Gelegenheit beim Schopf zu packen, um mich an seiner Seite zu zeigen, denn ich wollte nicht, daß man sagte: »Da seht ihr's, sie nutzt diesen Unfall aus, um sich aufzudrängen.« Ich bin erst später mit den anderen Verletzten ausgestiegen. Ich habe es abgelehnt, mit zum Ehrenempfang zu gehen, was die Journalisten jedoch nicht davon abhielt, sich auf mich zu stürzen, um von mir Einzelheiten über seinen Gesundheitszustand zu erfahren.

Später haben Arafats Fotografen mir die Bilder der drei Besatzungsmitglieder gebracht, die bei dem Absturz umgekommen waren. Als er sie erblickte, fing Jassir an zu weinen und sagte zu mir: »Sie haben sich für mich geopfert.«

Ich wollte, daß er sich nach all den überaus anstrengenden Stunden etwas Ruhe gönnte, doch da verkündete man uns noch am selben Tag per Telefon, daß die »Kinder der Märtyrer von Sabra und Schatila« ihn besuchen wollten. Dabei handelt es sich um hundertfünfzig Waisen, die von Arafat adoptiert worden waren. Ich sträubte mich: »Nein, heute ist es zu spät dafür. Jassir Arafat ist zu müde.«

»Ganz und gar nicht«, erwiderte Jassir, »sie sollen kommen. Ich will sie sehen. Sie sind meine Kinder. Sie liegen mir sehr am Herzen. Wir dürfen sie nicht enttäuschen.«

Ich setzte jedoch durch, daß man lediglich die kleinsten von ihnen, ungefähr fünfzehn, kommen ließ. Wissen Sie, Jassir hat sie tatsächlich ganz in seine Obhut genommen.

Und dann tobten mit einemmal fünfzehn Bengel durch die Villa ... überall. Sie rannten von einem Zimmer ins andere, schrien, lachten, sprangen auf sein Bett, damit er mit ihnen spielte. Und schließlich bettelten sie im Chor um die Erlaubnis, in unserem Haus, bei ihm übernachten zu dürfen. Er willigte ein und wandte sich an mich: »Mach die Betten fertig!«

»Wie soll das gehen? Wir haben nur zwei Schlafzimmer! Wo sollen wir sie unterbringen?«

»Kein Problem, das sind Kämpfer. Sie werden auf dem Boden schlafen.«

Wenn mein Gatte auch in bester Form schien – ich für mein Teil war völlig erschöpft. Ich hatte seit fast zweiundsiebzig Stunden nicht mehr geschlafen und wollte, daß er sich ein wenig entspannte. Den Begleitern zuzwinkernd, versuchte ich irgendeine Ausflucht zu finden, damit die Kinder wieder nach Hause gingen, und verlangte: »Einverstanden, doch zuerst müssen sie ihre Schlafanzüge holen gehen . . .«

»Aber nein«, entgegnete Jassir. »Aber nein, das sind doch Kämpfer. Sie werden in ihren Kleidern auf dem Boden schlafen!«

Ich tat so, als sei ich einverstanden, damit die Kinder sein Zimmer verließen. Anschließend entschieden wir mit der Direktorin, daß es besser wäre, wenn sie in ihrem Internat schliefen. Bevor er einschlief, fragte er mich noch: »Geht alles klar mit den Kindern?«

Ich beruhigte ihn.

Er verbrachte eine gute, friedliche Nacht, doch am Morgen lautete seine erste Frage: »Wo sind meine Kinder? Ich will mit ihnen frühstücken.«

»Sie sind nicht da.«

»Was? Das ist unglaublich! Ich hatte dir doch gesagt, daß sie hier übernachten sollen.«

»Das kam nicht in Frage, wir waren zu müde.«

Er schimpfte weiter herum und befahl mir regelrecht, sie unverzüglich wieder holen zu lassen, damit er mit ihnen sein Frühstück teilen könne.

Und schon saßen sie allesamt um den Tisch, aßen mit gutem Appetit und waren glücklich, abermals mit Jassir zusammenzusein. Er liebt die Kinder. Unaufhörlich neckte er mich, scherzte mit ihnen, indem er daran erinnerte, daß sie nur wegen mir am Abend zuvor nicht bleiben konnten.

Allerdings geht das Frühstück bei Jassir Arafat immer sehr schnell vonstatten. So kehrte er schon bald zu seinen Besprechungen zurück und ließ mich in Gesellschaft dieser fünfzehn Bengel allein.

Ein paar Stunden, nachdem er seine Tätigkeiten wieder

aufgenommen hatte, übergab mir einer der Leibwächter, die mit ihm die Notlandung überlebt hatten, einen Umschlag – ein verdrecktes Kuvert mit Fettflecken und voller Sand. Es enthielt nur Fotos von mir. Ich wußte nicht, daß er sie dauernd, und vor allem während seiner Reisen, bei sich trug. Ich war bewegt, von seiner Liebe gerührt. Dies löschte all die Böswilligkeiten aus, die ich von manchen erdulden mußte, und hat mir neue Kraft gegeben. Ich war seine Frau, und alle mußten sich wohl oder übel daran gewöhnen.

Und schon saß er wieder im Flugzeug, um sich persönlich bei den Staatsoberhäuptern zu bedanken, die ihm in dieser Prüfung beigestanden hatten.

– 14 –

Die Fortschritte in den Beziehungen zwischen Jordanien und Israel wurden zunehmend offenkundiger. Infolge der Madrider Friedensgespräche, die diesen Prozeß offiziell eingeleitet hatten, beabsichtigten Israelis und Jordanier, auf offizieller Basis einen Dialog zu eröffnen, der die bereits bestehenden Geheimkontakte ersetzen sollte.

In den vorangegangenen zwanzig Jahren hatte König Hussein sich des öfteren persönlich, ohne Vermittler, mit mehreren israelischen Verantwortlichen getroffen. Schließlich verzichtete er auf jedwede Rückforderung des von seinem Großvater 1948 annektierten Westjordanlands. Am 31. Juli 1988 – die Intifada steuerte gerade ihrem Höhepunkt entgegen – brach der haschemitische Herrscher alle Verbindungen zwischen den beiden Ufern des Jordan ab. Hierbei berief er sich vorrangig auf die arabische Gipfelkonferenz von Rabbat im Jahre 1978, bei der die PLO zur einzigen legitimen Vertreterin des palästinensischen Volkes erklärt wurde, und zum zweiten auf den Gipfel von Fez im Jahre 1982, der die Errichtung eines unabhängigen palästinensischen Staates in den besetzten Gebieten der Westbank und des Gazastreifens als eine der Grundlagen für eine friedliche Regelung definiert hatte.

König Hussein hat die besten britischen Universitäten besucht. Mit solcher angelsächsischen Bildung versehen, ist er stets um Präzision und Deutlichkeit bemüht und stützt sich fortwährend auf juristische Begriffe.

An diesem besagten Tag, an dem er auf das Westjordanland verzichtete, übergab er folglich alle Vollmachten an die PLO und an Jassir Arafat. Der Abbruch der Verbindungen mit der Westbank bedeutete indes auch, daß die jordanische Verwaltungshoheit damit aufgehoben und die Besoldung jener annähernd 20 000 Beamten eingestellt wurde, die bis dahin den jordanischen Behörden angehörten und trotz der seit 1967 andauernden israelischen Besatzung ihre vollen Bezüge erhielten. Er setzte somit einen Schlußpunkt unter jegliche Form der Beihilfe, sei sie nun administrativer, medizinischer oder universitärer Art.

Der König hatte diese Entscheidung vor allem deshalb getroffen, weil er sich im Westjordanland zunehmend öffentlich angefeindet sah und fürchtete, die Agitation könnte auf Amman übergreifen. Außerdem gedachte er damit die territorialen und politischen Grenzen seines Herrschaftsbereichs abzustecken. Folglich erklärte er: »Jordanien ist nicht Palästina.« Dies war eine Warnung an die Adresse Arafats: keine Einmischung der PLO im Königreich Jordanien, das zu sechzig Prozent von Palästinensern bevölkert ist. Er würde somit Herr im eigenen Land bleiben und der PLO keinerlei Rechenschaft über seine zukünftigen Beziehungen zu Israel abzugeben haben.

Gemäß seinen Prinzipien zögerte Hussein einige Jahre später nicht, ein regelrechtes Friedensabkommen mit Israel zu unterzeichnen. Dies geschah am 26. Oktober 1994.

Jordaniens Aufgabe seiner Hoheitsrechte über das Westjordanland im Jahr 1988 befriedigte die PLO zwar, brachte sie jedoch auch in gewisse Verlegenheit: Ohne die Öffnung zu Jordanien in Gestalt der Allenbybrücke war der Westbank der Lebensstrang abgeschnitten. Arafat mißtraute Hussein und seinen Absichten nach wie vor. Ihr gegenseitiges Verhältnis war nachgerade von Momenten der Leidenschaft wie auch Zeiten großer Spannung geprägt. Arafat verdächtigt den Haschemitenherrscher, auch weiterhin mit gierigen Augen auf das Westjordanland und besonders auf Jerusalem zu schauen.

Noch immer macht Hussein von Jordanien aus seinen Ansprüchen auf die heilige Stadt kein Hehl und hofft aufgrund seiner direkten Abstammung vom Propheten Mohammed, sein Recht auf Beteiligung an den Belangen Jerusalems beizubehalten. Um diesen Willen zu unterstreichen, hatte Hussein aus seiner Privatschatulle bereits die Instandsetzung der goldenen Kuppel der Omarmoschee bezahlt. Zudem hat er den Nachfolger des 1995 verstorbenen Mufti von Jerusalem bestimmt. Jassir Arafat hat desgleichen getan. Somit wird Jerusalem gegenwärtig von zwei Muftis als muslimischen Oberhirten betreut...

Als Abkömmling eines königlichen Geschlechts legt Hussein Wert darauf, mit der Noblesse der Oberhäupter großer Nomadenstämme aufzutreten, zumindest einen Abend lang – ob sie ihm nun als Freund oder Feind gegenüberstehen. Arafat wußte, daß Hussein ganz besondere Beziehungen mit Israel unterhielt, so daß er es sich selbst schuldig war, diesen Kontakten gegenzusteuern, um sich nicht irgendwann seiner wesentlichen Rolle im Friedensprozeß entäußert zu sehen.

Jerusalem ist den Palästinensern heilig, die Verwaltung der Stadt muß uns zufallen. Arafat hatte mir gegenüber immer geäußert, daß wir eines Tages zum Frieden gelangen müßten. Das war seine tiefe Überzeugung. Er hatte sich seit den ersten Jahren seines Kampfes weiterentwikkelt, doch er wollte einen Frieden in Würde, einen Frieden, in dessen Rahmen die Rechte der Palästinenser tatsächlich voll und ganz Anerkennung fanden. Wir sind die Opfer der Geschichte. Folglich war es auch an uns, den geeigneten Zeitpunkt zu bestimmen, um diesen Frieden zu realisieren. Dies erklärt seinen Widerstand gegen die Camp-David-Verträge, die er allerdings nicht von vornherein in Bausch und Bogen ablehnte. Er vertrat jedoch die Meinung, daß der innerarabische Kontext nicht günstig sei und eine solche Koexistenz nicht richtig funktionieren könne. Im übrigen ist nach Ägypten zunächst keiner der arabischen Staaten dem Beispiel gefolgt, und vor allem weder Syrien noch Jordanien, obwohl gerade sie den Wunsch dazu hatten.

Der gerechte Friede, der Friede der Tapferen, kann zu zweit nur dann geschaffen werden, wenn sich die beiden Kontrahenten gegenseitig respektieren. Ägyptens Friedensschluß und Sadats Besuch in Jerusalem im November 1977 waren große und bewegende Augenblicke der Geschichte, die allerdings ohne die Zustimmung des palästinensischen Volkes zustande kamen. Einige Monate lang haben wir an dieses Abkommen geglaubt. Ich denke, der Mensch Sadat war aufrichtig. Seine ersten Schritte auf dem Friedhof von Tel Aviv, die israelischen und ägyptischen Flaggen, die Nationalhymnen, der Händedruck Sadats mit Golda Meir und Moshe Dayan, all das habe ich in Nablus übers Fernsehen verfolgt. Wir waren überwältigt von seinem Gebet in der Omarmoschee, seiner Rede in der Knesset, mit Menachem Begin an seiner Seite. Er hat sogar darauf bestanden, die Vertreter der besetzten Gebiete zu treffen. Dieser Mann hatte eine Vision, er glaubte, in göttlichem Auftrag zu handeln.

Die Israelis lernen wir jedoch nur allmählich, Tag um Tag kennen; ihnen gegenüber muß man klar und bestimmt sein. Zwischen Ägypten und Israel stand lediglich ein territoriales Problem, und die Ägypter haben den Sinai in Etappen zurückerhalten. Der Kampf von uns Palästinensern ist ein ganz anderer: Hier handelt es sich um eine Auseinandersetzung um Identität und territoriale Eigenständigkeit. Wir waren im wahrsten Sinne inexistent und kämpften darum, daß Israel unseren Körper und unsere Seele, unser Recht, auf unserer Heimaterde zu leben, anerkennt. In Wahrheit habe ich immer gedacht, daß die Anerkennung nur aus einer gewalttätigen und direkten Konfrontation erwachsen könnte: Einen dauerhaften Frieden kann man nur mit einem Gegner unterzeichnen, vor dem man Hochachtung gewonnen hat. Wir haben einen hohen Preis an Menschenleben, an trauernden Familien gezahlt – doch was tun, wenn der, der ihnen gegenübersteht, sie nicht ansieht, sie mißachtet, ihre Existenz verneint? Sie müssen zu ihm hintreten und ihn verletzen, damit er sie wahrnimmt.

Trotz des Rückzugs aus Beirut waren der Libanonkrieg im Jahre 1982 und die anschließende Intifada nützlich für die Anerkennung. Die Menschen und die Dinge müssen reifen. Es gibt günstige Augenblicke und von der Vorsehung gesandte Menschen.

Arafat hat also Wert darauf gelegt, die Tür für Verhandlungen offenzulassen. Vergessen Sie seine Rede von 1974 vor der UNO nicht: den Olivenzweig und die Pistole. Über Jahre hinweg startete er durch Vermittlung von Persönlichkeiten der israelischen Linken oder von jüdischen Pazifisten in Frankreich und den Vereinigten Staaten Versuchsballons in Richtung der Israelis. Als pragmatischer Mensch bemühte er sich, diesen Dialog mit der Unterstützung von Pierre Mendès-France und der Beihilfe von in Frankreich lebenden ägyptischen Juden, von Mitgliedern der Kommunistischen Partei Ägyptens, wie Henri Curiel, zustande zu bringen. All das führte schließlich im Jahre 1976 zu einer Zusammenkunft des Palästinensers Issam Sartawi mit General Peled, Uri Avnery und Avi Eliav. Sie diskutierten beinahe ein Jahr lang über die Zukunft Israels und Palästinas. Arafat ließ es sich nicht nehmen, Männern des Friedens wie Avi Nathan die Hand zu drücken.

Ganz allmählich wurden die Beziehungen konkreter. Arafat unterhielt geheime, doch sehr enge Verbindungen zu diesen sogenannten »Begegnungen der dritten Art«. Zur damaligen Zeit war es den Israelis per Gesetz verboten, mit Palästinensern Gespräche zu führen. Zuwiderhandlungen wurden von ihren Gerichten geahndet. Aber die Männer guten Willens trafen sich dennoch und redeten miteinander: auf israelischer Seite ehemalige Minister, Exgeneräle, auf der anderen Freunde Arafats, Leute, die keine beständige Rolle in der palästinensischen Organisation ausfüllten, jedoch ihren Telefonhörer abnehmen und sich direkt mit ihm besprechen konnten. In diesem Umfeld sah man Männer wie Nabil Scha'ath, Volkswirt, Mitglied des Palästinensischen Nationalrats, einstiger Berater Nassers, der seine Studien in den Vereinigten Staaten absolviert hatte. Er reiste gelegentlich dorthin und legte dann einen Zwischenstopp in Tunis, in der Avenue Jugurtha, ein. Eines der genannten Treffen spielte sich im Juni 1991 in Palo Alto auf einer kalifornischen Farm ab. Als dessen Initiatorin hatte sich die Universität von Stanford betätigt. So stellten auch andere Universitäten in der ganzen Welt die Tribünen, auf denen Israelis und Palästinenser sich diskret trafen.

Trotz aller Schwierigkeiten und Divergenzen kommen Hussein und Arafat gerne zusammen. Seit seiner Deklaration von 1988 sind für uns Palästinenser im Prinzip alle Zweideutigkeiten ausgeräumt. Vor dem Flugzeugabsturz folgte Arafat dem langsamen, doch vielversprechenden Weg der in mehreren Hauptstädten aufgenommenen Kontakte. Sein Verschwinden für einige Tage machte die Wichtigkeit seiner Rolle offensichtlich: Die ganze Welt war plötzlich ratlos, besorgt. In jeder Entwicklungsphase der PLO kann nur er allein, der lebende Mythos, seinen Waffenbrüdern die Notwendigkeit des Friedens näherbringen und das palästinensische Volk zur Akzeptanz einer Übergangszeit und der schrittweisen Befreiung der Gebiete bewegen. Seine Autorität und seine allgemeine Bekanntheit konnte ihm niemand streitig machen.

Kaum war Arafat dem Tod entronnen, hatte er sich schon wieder einer weiteren Prüfung zu stellen.

Um jenen zu danken, die ihm nach seinem Unglück beigestanden hatten, mußte sein Reiseplan ihn zuallererst nach Jordanien führen. Also traf er in Amman zu einer Unterredung mit König Hussein ein. Es war eine freundschaftliche Zusammenkunft: Die beiden Männer wußten, daß der Weg des Friedens sich gerade abzuzeichnen begann.

Nach dem Zwischenstopp beschloß Arafat, seine Rundreise in Richtung Bagdad fortzusetzen. Wegen des Luftembargos gegen den Irak sah er sich genötigt, die Straße zu wählen: eine zehnstündige Autofahrt durch die Wüste, die an diesem 1. Juni, an dem die Sonne sehr früh aufging, recht beschwerlich zu werden versprach.

Schon im Aufbruch aus Amman begriffen, klagte er über heftige Kopfschmerzen. Er meinte, ein paar Tabletten mußten genügen, den Schmerz zu vertreiben. Im Königspalast begegnete er Dr. Aschraf Khurdi, Husseins Leibarzt, einem weisen und sachverständigen Mann, den er über seine Kopfschmerzen unterrichtete. Der Mediziner riet ihm zu einer Scanneruntersuchung. Arafat lehnte ab: Das käme nicht in Frage und sei unnötig, Aspirin würde reichen. Der Arzt hatte jedoch an seinem Verhalten etwas Ungewöhnliches festgestellt, er bedrängte ihn lange. In Anbetracht seiner beharrlichen Weigerung schlug er einen einfachen Test vor, um sich Aufschluß über die Motorik der Gliedmaßen und des Gleichgewichts zu verschaffen. Arafat willigte in die kleine Untersuchung ein, die lediglich darin besteht, mit waagerecht ausgestreckten Armen geradeaus zu gehen. Das Ergebnis war besorgniserregend: Arafat konnte sich nicht aufrecht halten, er taumelte.

Dr. Khurdi wiederholte seinen Rat, er sollte sich bei einer solchen Hitze nicht auf den Weg nach Bagdad machen und sich vor allem einer Scanneruntersuchung unterziehen. Jassir weigerte sich immer noch. Er bestellte sogar den Wagen und den Fahrer. Mit seinen Argumenten am Ende, rief der zunehmend besorgtere Arzt König Hussein an, teilte ihm seine Diagnose mit und unterstrich das Risiko einer solchen Fahrt. Der Mediziner bestand auf die Notwendigkeit, ohne Aufschub eine gründliche Untersuchung Jassir Arafats zu veranlassen, und erklärte, daß er sich der Abreise in aller Form widersetze. Nach diesem Gespräch verließ der Herrscher augenblicklich sein Büro und begab sich zu Arafat in den Gästeflügel des Palastes.

Die beiden Männer standen sich gegenüber. Der Monarch erwies sich als überzeugender. Er begleitete ihn in seinem eigenen Wagen zum medizinischen König-Hussein-Zentrum, wo Arafat endlich mittels Scanner untersucht wurde. Ich werde das nie vergessen ... Bei der Untersuchung wurde ein Blutgerinnsel festgestellt, das auf lebenswichtige Bereiche des Gehirns zu drücken drohte.

Am nächsten Morgen rief meine Schwester mich in Tunis an, bat mich, tapfer zu sein, und teilte mir die letzten Gerüchte über Jassir Arafats hoffnungslosen Zustand und sein unweigerliches Ableben mit. In Wirklichkeit mußte Jassir in den nächsten Stunden einen chirurgischen Eingriff über sich ergehen lassen. Faruk Kaddumi, der Außenminister der PLO, wurde unter allergrößter Diskretion konsultiert. Er war es auch, der dem Eingriff zustimmte und alle nötigen Vorkehrungen traf. Ich beschloß, mich umgehend zu meinem Mann nach Amman zu begeben. Die Reise wurde zu einem wahren Alptraum.

Von Besorgnis zerfressen, flog ich von Tunis nach Wien und nahm dort am späten Nachmittag den Flug der Austrian Airlines nach Amman.

Unmittelbar nach meiner Ankunft wurde ich offiziell von einer Vertreterin von Königin Nur mit dem üblichen Protokoll empfangen. Ich fuhr sofort zum Krankenhaus, wo ich den Rest der Nacht am Bett meines Gatten verbrachte, der die Operation gerade hinter sich hatte. Er war bei klarem Verstand. Trotz der ermutigenden Worte der Ärzte war ich schier wahnsinnig vor Angst, als ich erfuhr, woran er litt: einer subduralen Blutung infolge eines Schädeltraumas, das er sich beim Flugzeugabsturz zugezogen hatte. Der Arzt erklärte mir, daß es sich um eine klassische Komplikation handelte: einen Bluterguß zwischen der weichen Hirnhaut, der Dura – der harten Hirnhaut – und dem äußeren Endothel der Arachnoidea, der äußeren Schicht der Spinnwebenhaut. Der Eingriff war nicht kompliziert, die Entleerung der Blutgerinnseltasche genügte, um den Patienten wieder auf die Beine zu bringen. Wenn einer der Nächsten schwer erkrankt ist, wird man unversehens gebildet, die wissenschaftlichsten Begriffe erscheinen einem plötzlich leicht verständlich.

Während des gesamten Eingriffs war König Hussein im Krankenhaus geblieben und hatte als ganzes Mahl nur ein Sandwich zu sich genommen. Er redete freundlich auf mich ein, versuchte, mich zu beruhigen und mir Kraft zu geben. Ich spürte seine Aufrichtigkeit und daß er tatsächlich Anteil am Gesundheitszustand meines Mannes nahm. Er hat wirklich Jassir Arafats Leben gerettet. Die Politik ist eine Sache, die menschlichen Beziehungen sind eine andere.

Obwohl die Operation erfolgreich verlief, empfahlen die Ärzte Arafat eine einmonatige Genesungszeit. Der König von Jordanien schlug vor, uns den Palast Haschemia für die Dauer unseres Aufenthalts zur Verfügung zu stellen. Er selbst und seine Gemahlin würden jeden Tag vorbeikommen. Durch seine Protektion, seine Zuvorkommenheit und seine Besuche in Gesellschaft der Königin hat Hussein unsere Heirat in gewisser Weise legitimiert. Dies war überhaupt das erste Mal, daß sie von der Presse in Jordanien und in der arabischen Welt öffentlich gemacht wurde.

Die ganze Zeit über habe ich mich nur im Palast aufgehalten. Ich wollte Jassir um keinen Preis alleine lassen. Obwohl Amman, die Stadt der sieben Hügel, das antike Philadelphia, eine angenehme Stadt ist, hatte ich ehrlich gesagt keine Lust auszugehen. Demgegenüber riß der tägliche Besucherstrom im Palast nicht ab, mit bis zu hundert Gästen beim Mittagessen... Das waren viel zu viele Leute, nichtsdestotrotz erholte sich Jassir von Tag zu Tag mehr. Diese Besuche lenkten ihn ab und ermöglichten es ihm, den Kontakt zu den Flüchtlingen der palästinensischen Lager, den Mitgliedern des jordanischen Parlaments, mit Militärs und Diplomaten aufrechtzuerhalten.

Volle vier Wochen lang hatte ich ihn für mich. Es liegt nicht in Jassirs Art, in der Öffentlichkeit nach meiner Hand zu greifen, doch ich spürte, daß er glücklich war. Ich war es auch, als ich sah, wie er nach und nach wieder zu Kräften kam und seine geistige Frische wiedererlangte. Seit der offiziellen Bekanntmachung unserer Heirat wurden wir zum erstenmal als rechtmäßiges Ehepaar behandelt.

Dieser in Amman zugebrachte Monat führte mir deutlich vor Augen, welche Bedeutung das persönliche Verhältnis zwischen den Frauen politischer Führer hat. Während der ganzen Zeit des monatelangen Zerwürfnisses mit König Hussein bezüglich der Jerusalemfrage und des Schutzes der heiligen Stätten des Islam bin ich für mein

Teil in ständiger Verbindung mit Königin Nur geblieben. Wir riefen uns regelmäßig an. Es ist wahr, daß die beiden Männer erbittert und hartnäckig sind, daß sie ihren eigenen Charakter haben; doch wir wollten versuchen, diese Unstimmigkeiten zu schlichten. Wir Frauen können manchmal unter gewissen Umständen eine beachtliche Rolle spielen. Ohne uns unmittelbar in die politischen Angelegenheiten zu mischen, sind wir häufig sensibler, weniger aufbrausend. Unser Blick ist anders.

– 15 –

Sofort nach Bekanntgabe unserer Heirat stand ich im Mittelpunkt des Medieninteresses. Ich war auf das Eindringen der Presse in mein Privatleben nicht vorbereitet. Paradoxerweise versichert man ihnen, während man ihre Intimsphäre bloßlegt, daß es sich dabei um den Beweis der Informations- und Redefreiheit handelt ... Die Männer und Frauen ihrer Umgebung sind begierig auf Einzelheiten ihrer Lebensweise, ihres Verhaltens – und dies um so mehr, wenn es um die junge Gemahlin von Jassir Arafat geht ... Ich hatte die Wahl, entweder andauernd stumm zu bleiben, oder mich mit größtmöglicher Natürlichkeit und Aufrichtigkeit zu äußern. Ich entschied mich für den zweiten Weg, weil ich nichts zu verbergen habe. Im Gegensatz zu Jassir Arafats Leben ist meines nicht von Geheimnissen oder Beschränkungen bestimmt, die sich zwangsläufig aus der Stellung eines politischen Führers ergeben, des Vorsitzenden einer Organisation, die heutzutage im Wandel begriffen ist, um einen neuen Staat zu errichten. Ich bin keine Politikerin, sondern nur die Ehefrau eines Politikers mit vielschichtiger und enormer Verantwortung, was selbstverständlich eine gewisse Diskretion meinerseits erfordert. Hingegen ist es nur natürlich, mich wie jedweder freie Bürger zu äußern und meine Ansichten zu den verschiedensten Themen auszusprechen. Wer einen Politiker, so groß er auch sein mag, heiratet, muß danach nicht unvermittelt stumm und blöd werden.

Meine Veranlagung drängt mich eher dazu, den Ehren und den Blitzlichtern der Fotografen aus dem Weg zu gehen, aber es ist unmöglich, ihnen zu entrinnen. Mein insgeheimer, inniger Wunsch wäre, in einem kleinen Haus leben zu können, das ich selbst nach meinem Geschmack möblieren und um das ich mich wie eine richtige Hausfrau kümmern würde. Ich beginne allmählich, die von unbekannter Hand eingerichteten Wohnungen zu hassen, diese Unterkünfte mit den in einem Flur abgestellten Koffern und dem manchmal recht langen Warten auf den Mann meines Lebens... Kurzum, unvorhersehbare Umstände haben gewollt, daß ich in eine Welt hineinstolpere, die meinem Charakter zuwiderläuft.

Die Indiskretionen der Presse nehme ich noch hin, aber ich ertrage es nicht, daß sie als Vehikel für Gerüchte über meine Person dienen, weil man damit indirekt, durch mich hindurch, auf Arafat zielt. Um ihn zu treffen, ist es einfacher, dies über seine Ehefrau zu tun,was mir ein offenkundiger Mangel an Mut zu sein scheint. Glücklicherweise habe ich mir einen dicken Panzer angeeignet.

Ach ja, das Geld... Was habe ich nicht alles über meine Heirat und über Arafats angebliches Vermögen, das ich an mich reißen wolle, zu hören bekommen! Man hat mich als Juwelenfresserin verunglimpft! Und dann seine Bankkonten, für die ich angeblich Vollmacht erhalten hätte... Können Sie sich Arafat, einen der verschlossensten Männer auf der Welt, vorstellen, wie er seiner zärtlichen Gattin seine Bankkonten, darunter auch die der PLO, anvertraut? Lächerlich und verleumderisch! Man muß hinzufü gen, daß Tunis eineArt Proszenium war, wo alle Intrigen und Romanzen Glaubwürdigkeit erlangen konnten. Arafat ist mir gegenüber in diesen finanziellen Dingen stets überaus rigoros gewesen. Ich erfreute mich keiner »Zivilliste«*, und für jede private Ausgabe war ich gezwungen, mich an einen der Buchhalter der PLO zu wenden. Hingegen kauft meine Mutter mir häufig Kleider von ihrem persönlichen Geld.

Ich entstamme einer Familie mit behaglichem Lebensstandard, da mein Vater ja Bankier war und meine Familie mütterlicherseits zur Aristokratie von Akko gehörte. Darüber hinaus bin ich nicht häßlich. Ich hätte folglich eine prunkvollere Heirat mit einem jüngeren Mann anstreben können. Doch ich habe mich entschieden, denjenigen zu heiraten, der in meinen Augen Respekt, Autorität, Willen verkörpert. Einen Mann, dessen Kampf und zweifelsohne auch dessen Stärke ich bewundere. Ich lebe vollends bewußt an seiner Seite, indem ich die Schwierigkeiten auf mich nehme und versuche, ihn glücklich zu machen. Das ist die ganze Wahrheit, und Arafat kennt sie. Das ist das einzige, was für ihn wie für mich zählt. Und was unsere Sternzeichen anbelangt, so ist er Löwe, und ich bin Krebs.

Mit Jassir Arafat fühle ich mich geistig vollkommen frei. Wenn man sich mit sechzig Jahren vermählt, hat man sich jene gewisse Unabhängigkeit eines eingefleischten Junggesellen angeeignet, so daß es einem schwerfällt, die ständige Anwesenheit eines anderen zu ertragen. Das habe ich akzeptiert. Für Jassir ist es auch ein Mittel, mich vor sei-

* Kondotation; einem Monarchen zukommende jährliche Geldrente *(Anm. d. Ü.)*

nem gefährlichen und turbulenten Leben zu schützen. Die Ausübung der Macht beruht auf Zauberkunst oder auch auf Hexerei, für die ich nicht geschaffen bin. Keine Politik: Meine Rolle besteht darin, mich sozialen Aktivitäten zum Wohl von Frauen, Kindern, Armen und all jenen zu widmen, die Trost und Hilfe benötigen. In dieser Hinsicht hege ich große Bewunderung für Madame Mitterrand, die mich mit ihrer Freundschaft ehrt. Sie blieb einfach, unabhängig gegenüber ihrem Mann, während sie gleichzeitig ihre Persönlichkeit und ihre Ansichten kultivierte. Sie hat bedeutende Kämpfe gegen gesellschaftliche Ausgrenzung und für die Achtung jener fundamentalen Wahrheit, der Menschenrechte, geführt. Durch ihre Tätigkeit über die Fondation France-Libertés trug sie zur Befreiung palästinensischer Frauen bei, die in israelischen Gefängnissen eingesperrt waren und als schwierige Fälle galten.

Unsere erste Begegnung geht auf das Jahr 1993 zurück. Sie hat mich in ihrer Stiftung empfangen und mich mit einer Vielzahl von Ratschlägen für die Schaffung meiner eigenen Organisation Palästinas Zukunft versehen. Sie war immer mit irgendeiner humanitären Aktion befaßt. Ich mußte oft an sie denken, als Fidel Castro damals nach Paris kam. Sie hatte dessen Besuch selbst vorbereitet, und es fehlte nicht an Kritik. Dabei ist es ihr gelungen, daß Fidel Castro seine Militärjoppe gegen einen Zivilanzug tauschte . . . Jassir hat versprochen, es ihm gleichzutun und am Tag der offiziellen Proklamation eines palästinensischen Staates einen Smoking anzulegen. Ich bin überzeugt, daß dieser Moment bald kommen wird.

Dieser Dialog, den ich mit den Frauen von Staatschefs oder Monarchen aufrechtzuerhalten versuche, dient mir als Experiment, das mir Erfahrung bringt, mich bestärkt und der palästinensischen Sache, wie ich glaube, zu einer Welle der Sympathie verhilft.

Ich habe mich vor einiger Zeit zu einer Diskussion in einer amerikanischen Fernsehshow bereit erklärt, in der sehr beliebten Sendung *Good Morning America*. Ich befand mich in Gaza und Frau Lea Rabin in Jerusalem. Inhalt der Diskussion war die Zukunft, der Frieden – ein klassischer und höflicher Meinungsaustausch. Gegen Ende der Sendung fragte der Moderator mich, ob ich irgend etwas Bestimmtes von Frau Rabin erwarte. Ich antwortete: »Ja, eine Geste des guten Willens von seiten Ihres Mannes, entlassen Sie die palästinensischen Frauen aus Ihren Gefängnissen.« Zu der Zeit waren es neunundvierzig an der Zahl. Ein paar Wochen später befanden sich zwölf Palästinenserinnen wieder in Freiheit, mit folgendem Kommentar von Frau Rabin: »Ich habe geholfen, weil Frau Arafat mich darum gebeten hat.«

Ich war glücklich darüber, aber nicht geschmeichelt; dies war ein dürftiges Ergebnis. Es gibt noch viele palästinensische Gefangene in Israel.

In Tunis waren solche Aktionen für mich viel schwieriger, weil man ihnen ablehnend gegenüberstand. Vielleicht hatten sie noch immer nicht begriffen, daß ich seine Frau war.

Manche Gerüchte, die von einigen Zeitungen übernommen wurden, besagten, er sei bereits verheiratet, habe ungefähr zehn Kinder, und ich sei bereits seine soundsovielte Frau. Falsch: Er hat nicht zehn Kinder, sondern hundertfünfzig. Es sind die »Kinder der Märtyrer«, Waisen, die er adoptiert hat. Doch bald, so Gott will, wird er ein leibliches Kind haben, und ich weiß, daß es wie die anderen sein wird – ein palästinensisches Kind. Was eventuelle andere Frauen anbelangt, so habe ich ihn danach gefragt. Er versicherte mir, daß er niemals verheiratet war, und das glaubte ich ihm. Und falls es andere Frauen gäbe – meinen Sie nicht, die hätten dies bereits lauthals herausposaunt? Gelegentlich haut man mir ein paar Namen von Frauen um die Ohren, die ihm nahegestanden haben. Freundinnen, Geliebte, nehme ich an, die hatte er sicherlich, aber niemals eine rechtmäßige Ehefrau.

Ich glaube an Jassir, weil er zutiefst gläubig, aber nicht bigott ist. Er strahlt eine Kraft, ein Charisma, eine innere Philosophie aus, die ihm geholfen haben, standzuhalten und seinen Kampf fortzusetzen. Er bekräftigt immer, man müsse keine Angst vor dem Tod haben, da dieser niemals das Ende eines Kampfes markiere. Andere würden die Fackel übernehmen. Gleichwohl kann ich Ihnen versichern, daß er parallel zu dieser Philosophie weder seine Sicherheit noch die meinige vernachlässigt. Gegen meinen Willen hat er mir Leibwächter aufgezwungen.

Mit Jassir Arafat auszugehen, wird auf jeden Fall zu einer wahren Militäroperation. Dabei erinnere ich mich vor allem an unseren ersten offiziellen Auftritt in Tunis. Es handelte sich um einen Empfang des Präsidenten Ben Ali im Palast von Karthago, der am 7. November 1993 anläßlich des Jahrestages seiner Machtergreifung stattfand. Das war ein großer Tag für mich, und ich hatte Lampenfieber. Ich kannte den Präsidenten und besonders seine Gemahlin sehr gut, die eine wirkliche Freundin ist, doch ich sollte mich an diesem Abend einem feierlichen Empfang mit Botschaftern, Vertretern der Staatsorgane und dergleichen mehr stellen. Im Laufe des Nachmittags rief Arafat mich an, um mir mitzuteilen, wann genau er mich abholen kommen werde, und um mir zu raten, ein palästinensisches Kleid zu tragen. (Er ist sehr auf mein Äußeres, meine Kleidung bedacht. Es überkommt ihn manchmal, daß er mich nötigt, mich umzuziehen oder meine Frisur zu ändern! Mir ist dazu eine List eingefallen: Ich brauche immer ein ganz klein wenig länger, als vom Zeitplan her vorgesehen, um seinen Beanstandungen oder seinen Ratschlägen zu entgehen.)

Ich bin nicht abergläubisch, doch im Orient gibt es das, was man den bösen Blick oder den bösen Fluch nennt. Jeden Moment sage ich mir: Wenn nur alles gutgeht... Schon befanden wir uns auf dem Weg nach Karthago, Polizeiautos vor und hinter uns, wie immer mit doppeltem Personenschutz, der von den palästinensischen und den tunesischen Diensten gestellt wurde. Wir kamen im Präsidentenpalast an, ein herrlicher Empfang, schmeichelhafte Bemerkungen über Arafat und über mein Kleid, abwechslungsreiche und unterhaltsame Gespräche, insbesondere mit dem Botschafter von Frankreich, Monsieur Bouillane de Lacoste, der einen Monat zuvor im Rahmen der französischen Nahostinitiative eine lange Unterredung mit meinem Mann hatte. Frankreichs Rolle im Nahen Osten ist von großer Bedeutung, ich hoffe, daß sie mit dem jetzigen Präsidenten Chirac fortgeführt wird. Es war ein wunderbarer Abend. Bei jedem Schritt sagte ich mir: Alles wird ein gutes Ende nehmen, solange Gott die Katastrophe abwendet... Den Neid jedoch, den konnte ich förmlich um mich herum spüren; alle Augen waren dauernd auf mich gerichtet: der erste offizielle Auftritt von Frau Arafat... Der

Abend ging zu Ende, wir verabschiedeten uns von unseren Gastgebern. Ich war erleichtert.

Kaum saßen wir im Wagen, drehte sich der Leibwächter meines Gatten zu uns um: »Wir müssen augenblicklich ins Krankenhaus fahren.«

»Ins Krankenhaus, aber warum denn? Alles ist doch in Ordnung!«

Und dann folgte die Nachricht von der Katastrophe. Unser Begleitfahrzeug, das mit tunesischen Polizisten besetzt war, war in den Palastgärten irrtümlich auf einen durch ein Schutzgitter versperrten Weg geraten und regelrecht aufgespießt worden ... Ich sagte zu Jassir: »Siehst du, das ist meine Schuld, ich ziehe den bösen Blick an.«

In Fällen wie diesem ist er einfach großartig. Er verstand es, mich zu beruhigen, mir Mut einzuflößen und mir auch die Lektüre eines bestimmten Koranabschnitts zu empfehlen.

Das Krankenhaus ... Ich, mit meinen hohen Absätzen und stark geschminkt, vor den blutüberströmten Unglücklichen ... ich weinte wegen ihnen, wegen mir. Nicht zu reden vom Geschwätz am anderen Morgen, an dem der Unfall zum Attentat wurde; ein beklagenswertes Mißgeschick verwandelte sich in einen Spionageroman – mit offenkundiger Gehässigkeit, die an mich gerichtet war. Die Eifersucht der Männer ist stärker ausgeprägt als die der Frauen, und alles ist recht, um sie zum Ausdruck zu bringen.

Suhas Eindringen in Arafats Leben fiel mit dem historischen Wendepunkt der PLO zusammen. Tiefgreifende Meinungsverschiedenheiten, heftige Vorhaltungen gegen Jassir Arafat werden im Innern des Zentralkomitees der Organisation laut. Man bezichtigte ihn schlechter Geldanlagen und unnötiger Ausgaben zu einem Zeitpunkt, da die Kassen praktisch leer waren, weil die Ölemirate am Golf ihre Hilfszahlungen eingestellt hatten. Die deutliche Kehrtwendung Arafats, der nun die Hand des Feindes suchte, stieß ebenfalls nicht auf allgemeine Gegenliebe, zumal nur wenige von ihm ins Vertrauen gezogen wurden.

Die Zeichen des Friedens wurden in Israel, wo die Arbeiterpartei an die Macht gelangte, zunehmend offensichtlicher. Mit mehr Realitätssinn als ihre Vorgänger setzten Rabin und Peres das Gesetz außer Kraft, das jeglichen Kontakt mit den PLO-Mitgliedern untersagte. Darüber hinaus schlug die Regierung Rabin eine Art Autonomie in den besetzten Gebieten vor. Es handelte sich noch um nichts sonderlich Konkretes, aber es lag ein Hauch von Pragmatismus in der Luft.

Die Verhandlungen von Washington und Moskau setzten die Madrider Gespräche fort, führten jedoch zu keinem Ergebnis. Vor den Blicken der Öffentlichkeit geschützt, trafen verschwiegene Männer in Norwegen zusammen. In Oslo, im Hotel Plaza, oder auf einem Gut in Borregaard, im Süden des Landes, eröffneten sie den Dialog unter Vermittlung von Johan Jørgen Holst, dem damaligen norwegischen Außenminister. Es war nur ein kleiner Personenkreis: Drei oder vier Palästinenser sitzen ebenso vielen Israelis gegenüber. Ein richtiges Kommandounternehmen, das ohne Aufsehen, aber mit Effizienz mitten in all den völlig unvereinbaren Positionen nach Kompromissen sucht. Mehrere Monate erbitterter und minuziöser Bemühungen, die Arafat in Tunis und Shimon Peres in Jerusalem unmittelbar überwachten.

Auf israelischer Seite spürte man den klaren Willen, dieses Wespennest Gaza, dieses unkontrollierbare Pulverfaß loszuwerden, dem Westjordanland einen liberaleren Status zu geben und dabei jene Siedlerkolonien beizubehalten, die einen politischen, religiösen und extremistischen Anachronismus darstellen. Auf der anderen Seite stand Arafat, ein geschwächter und zusehends kritisierter Mann, der seine Legitimität jedoch noch immer vom palästinensischen Volk bezieht. Neben dem Vater der Revolution verfügte niemand über genügend Charisma, noch Autorität, um ihm nachzufolgen, ihm, der Gefallen an unentwirrbaren Situationen fand und nicht zögerte, ins Leere zu springen, um sich daraus zu befreien. Auch er muß ein heikles Problem im Gazastreifen und auf der Westbank meistern. Die religiösen Extremisten der Hamas und des islamischen Dschihad lehnten jeden Kompromiß, jedwede Verhandlung ab und schreckten nicht mehr davor zurück, mit der Waffe in der Hand die Falken der Fatah, Arafats treue Miliz, herauszufordern. Das Schlagwort der Islamisten lautete von nun an: »Keine Steine mehr, sondern Pulver.« Die Explosion würde den Ultras beider Lager nutzen.

In Zeiten wie diesen wird Arafat zum verschlossensten Mann der Welt. Er schöpft seine Energie aus dem Innern seiner selbst: eine beachtliche Kraft. Er vermittelt den Eindruck, krank oder zumindest abwesend zu sein. In Wahrheit aber tauscht er sich mit keinem anderen mehr aus, sondern hält nur noch Zwiesprache mit sich selbst.

Ich persönlich wußte von nichts, spürte allerdings, daß sich irgend etwas im verborgenen anbahnte. Er hat mich mehrere Male aufgefordert, ihm meine Villa in der Rue

Tozeur zu überlassen, wo er gewisse mysteriöse Treffen organisierte. Es war allgemein publik geworden, daß sich Israelis vorübergehend in Tunis aufhielten; Namen wurden genannt, die richtigen und die falschen. Sie kamen auf dem Flugplatz Karthago in Privatjets an, die in Europa registriert waren. Über dieses Thema verlor Arafat kein Sterbenswörtchen, und ich für mein Teil stellte keinerlei Fragen. Im Juli 1993 quartierten sich der norwegische Minister Holst mit seiner Frau und seinem fünfjährigen Sohn bei mir in der Rue Tozeur ein. Seiner Gewohnheit gemäß kam Arafat gegen drei Uhr morgens nach Hause. Ich wartete auf ihn, um ihn noch zu sehen und ihm die typischen Frauengeschichten, um ihm von meinen Ausgängen, meinen Begegnungen zu erzählen. Ich wollte ihn auf andere Gedanken bringen, da ich spürte, wie angespannt er war; manchmal litt er unter Migräne. Es fiel kein Wort über die Israelis. Ohnehin war es für mich besser, so wenig Geheimnisse wie möglich zu wissen. Mit großer Belustigung las ich in der gesamten internationalen Presse die falschen Informationen, die Palästinenser und Israelis hatten durchsickern lassen, die anschließend dementiert und dann wiederum als wahr verbreitet wurden. All dies stiftete Verwirrung.

Am 12. Juli enthüllte die Tel Aviver Zeitung *Haretz,* daß in Washington Geheimverhandlungen zwischen Israelis und Palästinensern stattfanden. Arafat bestätigte: »Es ist wahr, letzten Monat fanden in Washington zwei Zusammenkünfte auf hoher Ebene statt.«

Zwei Stunden später erfolgte Jassir Arafats Berichtigung: »Es sollten Vorbereitungen zu einem Treffen in Washington in die Wege geleitet werden, die allerdings nicht zustande kamen.«

Herr Holst war währenddessen in Tunis.

Alle Welt ging dem Manöver auf den Leim, die Vernebkungstaktik funktionierte. Wiederum in ebendiesen Julitagen sah sich Shimon Peres zu einer Erklärung veranlaßt: »Im Augenblick, so denke ich, sollte mit den Palästinensern nicht verhandelt werden, sofern nicht irgendeine überraschende Wendung eintritt. Dies ist auch die Ansicht von Jitzhak Rabin. Eine Übereinkunft wird Israel nur mit einer Delegation unterzeichnen, die öffentlich in Washington verhandelt.«

Offiziell wurde alles nach Washington verwiesen. Die tatsächlichen Verhandlungen spielten sich in Oslo ab, wo die letzten Details des Abkommens ausgefeilt wurden. Arafat liebt derartige Situationen über alles, und ich denke, er hat in Shimon Peres einen wahren Komplizen gefunden . . .

Jassir bemühte sich nach Kräften, seine Vision der Geschichte, einen Frieden der Tapferen, durchzusetzen, einen Frieden, der zwar nur eine Etappe darstellte, der jedoch die Anerkennung der PLO durch die Israelis sowie eine territoriale Grundlage implizierte, damit das Exil ein Ende nahm und dem entsetzlichen Eindruck, daß die palästinensische Sache allmählich versandete, Einhalt geboten wurde. Während dieser heiklen Monate Juli und August ließen Berater wie Nabil Scha'ath ein paar Sätzchen verlautbaren, um die Aufmerksamkeit abzulenken und die Widersacher zu prüfen, sowie Antworten und Richtigstellungen, die von israelischer Seite noch genährt wurden. In Wirklichkeit war nur etwa zehn Eingeweihten bekannt, wo die tatsächlichen Verhandlungen stattfanden und welch bedeutender Einsatz auf dem Spiel stand. Als die Wahrheit dann ans Licht kam, herrschte selbst in meiner Umgebung Ungläubigkeit. Arafat hatte sich auf ein gewagtes Spiel eingelassen, um gewisse Gegner zu überzeugen. Und die waren überaus erzürnt darüber, vor vollendete Tatsachen gestellt zu werden. Es ist ihm gelungen.

Die Nachricht vom Gaza-Jericho-Abkommen löste bei zahlreichen befreundeten wie verfeindeten Staatsoberhäuptern große Verblüffung aus und wurde in der ganzen Welt verbreitet. Die Dynamik des Friedensprozesses war in Gang gesetzt. Ich werde die Erklärung von François Mitterrand in den Hauptnachrichten des Fernsehsenders France 2, den wir in Tunis empfangen konnten, stets im Gedächtnis bewahren: »Es handelt sich um einen mutigen und intelligenten Akt, um eines der großen Ereignisse unseres ausgehenden Jahrhunderts.«

Ich finde, daß Mitterrands Bemerkung die psychologischen Schwierigkeiten treffend zusammenfaßt, die wir haben überwinden müssen, um mit dem Feind zu reden. Meine Bewunderung gilt ebenso der Organisation dieser Begegnungen und der Verschwiegenheit, mit der sie umgeben wurden. Ein wirklicher Erfolg: Ein solches Geheimnis über Monate hinweg im Nahen Osten zu bewahren, kommt einer Heldentat, einem Wunder gleich!

Nach der Ankündigung der Unterzeichnung in Washington freute ich mich darauf, einem derart bedeutenden Ereignis im Weißen Haus beizuwohnen. Doch ich bin in Tunis geblieben: In der palästinensischen Delegation gab es keine Frauen. Die Jassir Arafat vom König von Marokko zur Verfügung gestellte Boeing 707 war bei weitem nicht voll besetzt. Auf israelischer und amerikanischer Seite fanden sich auf allen Ebenen etliche Frauen. Ich bedauere das, aber in Anbetracht besonderer Umstände war mein Entschluß, in Tunis zu bleiben, weise – meiner Frustration zum Trotz.

Die Abwesenheit von Frauen in der palästinensischen Delegation und insbesondere die von Frau Arafat erregte in Washington Aufsehen. Dessen ungeachtet kommentierte sie jedoch die Feierlichkeiten live, von Tunis aus, für eine amerikanische Fernsehstation. Es ging übrigens das Gerücht um, sie habe eine Stargage kassiert, um an dieser Sendung mitzuwirken. Die Wirklichkeit sieht anders aus. Obwohl von ihrer Seite keine näheren Einzelheiten zu erfahren waren, ist uns nach eingehenden Recherchen möglich, hier festzustellen, daß Suha unfreiwillig ins Zentrum eines Zwists führender Politiker geriet.

Diese Rivalität trat in Jerusalem zwischen Shimon Peres und Jitzhak Rabin deutlich zutage. Sie betraf die Urheberschaft der Abkommen und ihre Unterzeichnung. Sollten die Lorbeeren jenen zukommen, die im verborgenen die Initiative ergriffen und so glänzend kooperiert hatten – also Peres auf israelischer und Abu Mazen auf palästinensischer Seite –, oder aber den beiden Regierungschefs? Der amerikanische Präsident Bill Clinton, der großen Wert darauf legte, der Unterzeichnungszeremonie einen besonders würdigen Rahmen, eine spektakulärere und symbolischere Verbindlichkeit zu verleihen, verlangte die Anwesenheit von Rabin und Arafat im Weißen Haus. Auf israelischer Seite hatte Peres sich dieser Forderung gebeugt, was auf den engen Zusammenhalt innerhalb des Kabinetts eines strukturierten Staates hinweist. Im Gegensatz dazu wog bei den Palästinensern Abu Mazen seine Anwesenheit in Washington mit jener Suhas ab. Sein Verhalten glich einer offenen Kampfansage an Arafats Anwesenheit, verriet jedoch ebenfalls, wie manche seiner Vertrauten sagen, seine Feindseligkeit gegenüber Suha, die er für eine solche Zeremonie als allzu überschwenglich erachtete. Im übrigen hatte er, wie andere auch, seinerzeit diese Heirat als unpassend beurteilt.

Frau Arafats Fehlen hat Bill Clinton konsterniert, der bestrebt war, vom Vorsitzenden der PLO anläßlich dessen ersten Besuchs in Washington das Bild eines ehrbaren und verantwortlichen Mannes, mit einer Gemahlin an seiner Seite, zu vermitteln. Er wollte das Image des Terroristen tilgen, das gewisse amerikanische Kreise ihm weiterhin zuschrieben. Die Zeremonie in Washington erhöhte das internationale Ansehen des amerikanischen Präsidenten und erwies sich gleichzeitig als ebenso nützlicher Aspekt auf innenpolitischer Ebene.

Die Beschreibung der Zusammenhänge der Reise vom 13. September, über welche die Medien zur damaligen Zeit lang und breit berichteten, ergänzt die Erzählung Suha Arafats, die für ihr Teil keinerlei Polemik zu entfachen wünscht, durch genauere Details.

Von Tunis aus stand ich für die Vorbereitung meiner Reise in ständiger Verbindung mit dem amerikanischen Protokoll und dem persönlichen Sekretär von Hilary Clinton. Ich klärte die privaten Punkte der Feierlichkeit ab und verfügte über das genaue Programm. Mir war eine persönliche Einladung durch die Botschaft der Vereinigten Staaten in Tunis überreicht worden. Für mich war alles perfekt, ich freute mich auf ein derart bedeutsames Ereignis für mein Volk, für meinen Ehemann. Meine Mutter hielt sich zu diesem Zeitpunkt in Washington auf, wo mein Bruder lebt. Sie hatte mir sogleich ein marineblaues Kostüm gekauft. Was konnte eine Frau am Vortag einer solchen Abreise tun? Zu ihrem Friseur gehen.

Ich werde von Henri betreut, einem Franzosen. Ich wünschte eine Frisur, die wegen der stundenlangen Reise gut halten und in Washington durch kurzes Aufkämmen leicht wieder in Ordnung zu bringen sein sollte. Während er seiner Arbeit nachging, fragte Henri mich nach den Amerikanern, den Palästinensern, erkundigte sich, ob wir Tunis bald verlassen und in unsere Heimat zurückkehren würden. Die Unterhaltung nahm einen angeregten und heiteren Verlauf.

Das Telefon klingelte – ein Anruf für mich: Einer der Minister der PLO war am Apparat, der mich bat, wegen einer wichtigen Mitteilung so schnell wie möglich bei ihm vorbeizukommen. Nachdem ich fertig frisiert war, begab ich mich zum Minister, der mir, wie ich glaubte, zweifelsohne einige zusätzliche Informationen mitzuteilen hatte.

Die Unterredung spielte sich im Beisein von Oum Djihad folgendermaßen ab:

»Suha, was ich dir zu sagen habe, ist sehr unerfreulich für dich. Aber du mußt unbedingt von dieser Reise nach Washington absehen.«

»Aha! Und warum? Das verstehe ich nicht. Frau Clinton hat mich eingeladen, und ich stehe mit ihrem Privatsekretär in Verbindung. Was geht hier vor?«

»Ich weiß, das ist schwer zu akzeptieren, doch es gibt Leute bei uns, die meinen, dies sei nicht der passende Zeitpunkt für Festlichkeiten.«

»Aber das ist doch ein großer Augenblick für die Palästinenser. Wir haben so lange auf die Anerkennung durch die Israelis und die Amerikaner gewartet.«

»Suha, sie wollen nicht, daß du mitkommst!«

Ich sagte nichts mehr. Ich war sprachlos. Sie hatten nicht einmal Oum Djihad, die große Widerstandskämpferin, die Witwe von Abu Djihad, gebeten, sie zu begleiten. Verwundert fragte Oum Djihad den Minister nach den Gründen dieser Zurückweisung.

»Suha, du mußt das verstehen«, wiederholte er. »Du mußt selbst darauf verzichten und vor Arafat die Initiative ergreifen, um die Situation zu retten. Wenn du anwesend bist, werden manche nicht gewillt sein, an der Delegation teilzunehmen. Sag Arafat, daß du aus eigenem Entschluß nicht mitkommen willst.«

Völlig aufgelöst eilte ich nach Hause. Arafat saß fassungslos und allein in unserem Wohnzimmer. Ich begriff sofort: Er war bereits über die Erpressung unterrichtet worden. Mit möglichst ungezwungener Stimme rief ich aus: »Warum bist du allein? Was ist los?«

»Dreißig Jahre lang habe ich ihre Frauen und ihre Kinder verhätschelt, und keiner von ihnen hat Achtung vor meiner Ehefrau.«

»Völlig bedeutungslos, das sind bloß Eifersüchteleien. Seit vierzig Jahren wartet das palästinensische Volk auf diesen Augenblick. Ob ich mitkomme oder nicht, ist nicht das Problem; meine Anwesenheit hat keine große Wichtigkeit.«

»Nein, es kommt nicht in Frage, auf sie zu hören. Du wirst mitkommen.«

»Jassir, laß uns die Zeremonie nicht verderben, ich werde ein andermal mit dir reisen.«

»Du wirst nicht dasselbe Flugzeug wie wir nehmen, sondern über Paris nach Washington fliegen. Auf diese Weise kannst du pünktlich zur Unterzeichnung eintreffen.«

»Nein, Jassir, das ist es nicht wert. Die sind imstande, ihre Drohungen in die Tat umzusetzen.«

»Es kommt nicht in Frage nachzugeben. Du wirst kommen. Ich bin es, der hier befiehlt«, fügte er im Aufstehen hinzu.

»Nein, das ist nicht nötig. Ich habe meine Entscheidung getroffen: Ich komme nicht mit. Geh nicht in diese Falle, und verdirb dir die Freude nicht. In Washington werden alle Scheinwerfer auf dich gerichtet sein.«

»Nein. Geh zur amerikanischen Botschaft und hol dir dein Visum ab.«

Ich sagte mir: Das ist unmöglich, er muß sich jetzt vorbereiten, seine letzten Besprechungen mit den Mitgliedern der Delegation führen, seine Dokumente überprüfen. Der Zeitpunkt ist ganz und gar unpassend, um sich, wem auch immer, zu widersetzen. Ich möchte auf keinen Fall der Funke sein, der in einem solch entscheidenden Moment alles in Brand setzt. Anlaß eines Bruchs, eines unangenehmen Zwischenfalls, eines Streits zu werden, wo doch der Friede unterzeichnet werden soll . . . Daß der Friede wegen mir verzögert werden könnte, ist undenkbar. Die ganze Last wird mir auf die Schultern geladen, ich bin zwischen dem Willen meines Mannes und der Entschiedenheit der anderen in eine Zwickmühle geraten. Ich weiß, in Erwartung meines Rückziehers haben sie ihre Pässe noch nicht in der Botschaft der Vereinigten Staaten hinterlegt. Wie kann ich mich aus der Affäre ziehen?

»Suha, geh auf der Stelle dein Visum holen.«

Ich beruhigte ihn, indem ich ihm vorschlug, das Problem später am Abend, nach einem Telefonanruf in Washington, erneut durchzusprechen. Ich verließ das Haus, rief sofort im Weißen Haus an und sagte meine Reise ab, wobei ich Frau Clinton, ohne genauere Gründe anzugeben, meine Bitte um Entschuldigung ausrichten ließ.

Anschließend suchte ich Arafat in seinem Büro auf, um ihm mitzuteilen: »Ich habe die Sache entschieden und Washington offiziell über mein Fernbleiben von der Zeremonie am 13. September unterrichtet.«

Dieser Beschluß war unwiderruflich. Zornig und bitter wollte er mich ein letztes Mal überreden, doch das war zwecklos. Zwischenzeitlich hatte der Fernsehsender CNN von meiner Absage erfahren und mir angeboten, die Feierlichkeit von Tunis aus zu kommentieren. Ich bin davon überzeugt, daß die Amerikaner sehr rasch über die Beweggründe meines Verzichts Bescheid gewußt haben. CNN ließ eiligst per Sonderflug Satellitenschüsseln und Kameras nach Tunis schaffen.

An diesem 13. September war ich also nicht in Washington, sondern als kleinere Einblendung auf den amerikanischen Bildschirmen präsent, um mich gelegentlich einzuschalten und meine Eindrücke wiederzugeben. Auch andere Fernsehstationen wollten wie immer in solchen Fällen die Meinungen und Ansichten palästinensischer Persönlichkeiten einholen. Doch die standen nicht zur Verfügung, da sie alle auf dem Rasen vor dem Weißen Haus posierten.

Ich allein blieb also für all die Gesuche erreichbar, und letzten Endes spielte ich von Tunis aus eine wichtigere

Rolle, als wenn ich an ihrer Seite in Washington gewesen wäre.

Nach der Zeremonie rief Arafat mich an, er gönnte sich etwas Ruhe in seinem Hotelzimmer, wobei er fernsah. Seine erste, amüsierte Bewegung lautete: »Man sieht nur dich.«

Er war glücklich: Eine psychologische Mauer war zwischen den beiden Völkern niedergerissen worden. Doch er blieb sich bewußt, daß es sich dabei nur um eine Etappe handelte. Der Gaza-Jericho-Vertragstext war unvollkommen, bezüglich mancher Punkte voller Mängel. Dennoch waren die symbolischen Zeichen gesetzt. Der Gang durch diese Phase war notwendig, um eine Veränderung, einen Wandel der Mentalitäten erkennbar zu machen und einen Keim der Hoffnung aufgehen zu lassen.

Die Zeremonie selbst, ein wenig im Hollywoodstil gestaltet, war gelungen. Trotz einiger Kritik zu diesem Aspekt fand ich sie von Bewegtheit und Würde geprägt. Sie verlieh einer schwierigen Entscheidung eine feierlich-ernste Note. Welch ein wunderbarer Augenblick, als Arafat Rabin die Hand reicht: Diese Geste war vom Protokoll der Feier her nicht vorgesehen, aber unerläßlich. Später hat Jassir mir gesagt, daß er Rabins leichtes Zaudern bemerkt hatte, daß der Händedruck unter dem Applaus und den Jubelrufen jedoch aufrichtig war.

Präsident Clinton hatte ihnen vom Protokoll her völlig freien Spielraum gewährt.

Rabin und Arafat trafen eine Viertelstunde später im Blauen Salon zusammen. Sie hatten sich noch nie zuvor persönlich gesehen. Präsident Clinton saß zwischen ihnen. Sie zögerten etwas, bevor sich ihre Blicke kreuzten und sie ein paar belanglose Worte, die ersten von Angesicht zu Angesicht, wechselten. Welch ein Schock für diese beiden Männer, wieviel Mut und welche Stärke mußten sie aufbringen, um all den Groll und den Haß der Vergangenheit zu vergessen. Sie begegneten sich zum erstenmal und kannten sich doch so gut, da sie einander so oft im Kampf gegenüberstanden und dreißig Jahre danach trachteten, sich persönlich zu vernichten ... Wie könnten sie vergessen, daß der eine wie der andere militärisches Ziel ihrer jeweiligen Generalstäbe gewesen war?

Ich weiß, daß dieser Friedensakt fortgeführt und gefestigt werden muß. Wir haben das Ende unserer Leiden und Mühen noch nicht erreicht, trotz Peres' schöner Worte: »Das palästinensische und das israelische Volk, die sich über Jahrhunderte hinweg bekämpften, haben zwei parallele Tragödien durchlebt. Sie sind übereingekommen, den Weg zum Dialog und zur Verständigung entschlossen zu beschreiten.«

Und denen von Rabin: »Wir, die Soldaten, die blutbefleckt von der Front zurückkehrten, wir sagen Ihnen heute: ›Genug, genug Blut, genug Tränen.‹«

Auf palästinensischer Seite fielen die Reden weniger lyrisch, dafür jedoch politischer aus, da die schönen Worte rasch verhallen und häufig keine Taten folgen. Man darf sich nicht von Empfindungen mitreißen lassen, sondern muß die unleugbare Tatsache deutlich herausstellen, daß Washington lediglich eine Etappe war. Arafat hat das immer vor Augen gehabt: »Unserem Gefühl ein Ende zu machen, daß wir eine Kränkung, ein historisches Unrecht erlitten haben, ist für uns Palästinenser der beste Weg, die Koexistenz der beiden Völker zu ermöglichen.«

Meine kleine Enttäuschung, mein Fernbleiben von Washington, ist demnach absolut belanglos im Angesicht dieser vielversprechenden Seite der Geschichte, die sich am Himmel über Palästina abzeichnet.

– 16 –

Grün-weiß-rot-schwarz, schon zu Beginn des Nachmittags waren die palästinensischen Flaggen in Jericho hochgezogen worden – dieser schläfrigen Oase, die als eine der ältesten Städte der Welt gilt. Ihre Besonderheit ist die, daß sie 300 Meter unter dem Meeresspiegel erbaut wurde. Ihre als uneinnehmbar gerühmten Mauern wurden von Josuas Trompeten im Jahr 1230 v. Chr. zum Einsturz gebracht. Jericho wurde nun von der Geschichte wiedererweckt. Es sollte die erste autonome Stadt im Westjordanland sein. Auf dem kleinen, schmucklosen Marktplatz standen sich die israelische Militärbehörde und das palästinensische Rathaus vis-à-vis gegenüber. Der Armeeposten war von einem Gitterzaun geschützt, hoch oben an einem Mast wehte die israelische Flagge. Im Hof verbreiteten ein paar bewaffnete Soldaten ostentative Gelassenheit. Weniger als hundert Meter auf der anderen Seite, in einem zweistöckigen Gebäude mit einem Balkon auf der ersten Etage, machten sich Männer eifrig zu schaffen. Sie brachten Lautsprecher an, aus denen bald schon patriotische Lieder und Ansprachen lokaler palästinensischer Persönlichkeiten ertönten. Auf dem Dach, das in ein Fernsehstudio unter freiem Himmel umgewandelt worden war, wurden Kameras in Stellung gebracht, die den Freudentaumel des Volkes aufzeichnen und in die ganze Welt übertragen sollten.

In Gaza waren die Straßen zum gleichen Zeitpunkt leer. Die fundamentalistische Bewegung Hamas hatte zu einem von neunzig Prozent der Bevölkerung befolgten Streik aufgerufen. Sie lehnt das Washingtoner Abkommen und dessen Unterzeichnung, die sie als Kapitulation abqualifiziert, strikt ab. Von den Minaretten erklangen Suren des Koran. In den verwaisten Straßen patrouillierten die vergitterten Jeeps der Israelis.

In Ost-Jerusalem, dem arabischen Teil der Stadt, bereitete man im Hotel American Colony den Salon des Pascha vor. In diesem romantischen Rahmen mit seiner Architektur eines orientalischen Palasts der Jahrhundertwende, in den Innenhöfen und den Gärten, sollten in wenigen Stunden dreihundert Palästinenser zusammenkommen. Sie waren herzlich eingeladen worden, die Übertragung der Feierlichkeiten von Washington in Großprojektion zu verfolgen.

West-Jerusalem wartete indessen, wie auch Tel Aviv am Meer und all die anderen Städte Israels, in denen sich Hoffnung mit Besorgnis vermischte. Während Rabin, Peres, Arafat, Abu Mazen und dreitausend Geladene sich in Washington zurechtmachten, sich puderten und schminkten, rezitierten Familien in Trauergewändern das Totengebet. Drei israelische Soldaten, tags zuvor von fundamentalistischen Militanten in Gaza erschossen, wurden zu Grabe getragen. Traurig und bitter sind die Beisetzungen jener, die alle gern als letzte Opfer am Vorabend des Friedens sehen würden.

Elf Uhr morgens in Washington, 17 Uhr in Jerusalem, die Fernsehgeräte waren angeschaltet.

Um 18 Uhr drückte Rabin Arafats Hand, der Zauber hatte sich erfüllt. Der Friede war da. Man sang, tanzte, umarmte und küßte sich. In Gaza wurde der Streik nicht mehr weiter befolgt, nationalistische Gesänge und Autohupen übertönten nunmehr die Gebete von den Minaretten. Der Name Arafat wurde laut bejubelt.

Ein Tag der Euphorie, die noch andere teilen sollten. Die ganze Welt versprach dem jungen israelisch-palästinensischen Paar wahre Wunderdinge als Morgengabe. Die aberwitzigsten Projekte kamen aus den Schubladen zum Vorschein, um die Region in einen See aus Milch und Honig zu verwandeln. Die Gazellen selbst würden in großer Zahl zurückkehren, um sich an den Wassern des Jordan zu laben ...

Idyllische Visionen, denn die entsetzlichen Male des Hasses lassen sich nicht so einfach ausradieren. Israelische oder palästinensische Extremisten waren keineswegs gewillt, ihre Beute einfach so aus den Fängen zu lassen. Nach den Trompetenklängen von Oslo und Washington ging es nun darum, die noch strittigen Punkte zu klären. Rabin, Peres und Arafat würden sich wieder treffen und ihre Berater die Arbeit fortsetzen, um die Unstimmigkeiten auszuräumen.

Arafat mußte sich einer wirklichen Herausforderung stellen: nämlich das Vertrauen von Präsident Clinton und Warren Christopher, das des State Department und des amerikanischen Volkes gewinnen. Mit seiner Militärkleidung, seiner Kefijeh, seiner Vergangenheit und seinem jahrzehntelang unverstandenen Kampf wurde er in den Vereinigten Staaten als eine Art Kuriosität betrachtet. Dieser Weg nach Washington, der Kapitale der Weltmacht Nummer eins, war von vielerlei Fallstricken übersät gewesen, bis Arafat sich endlich bei der politischen Klasse Amerikas Gehör verschaffen konnte. Er hatte jedoch in dem ehemaligen Präsidenten Jimmy Carter einen Mann gefunden, der an diesen von ihm seit langem bekundeten Willen zum Frieden und zur Aussöhnung glaubte.

Eine Vielzahl historischer und innerstaatlicher Gründe veranlaßten die USA, den Staat Israel seit seiner Gründung zu stützen, selbst wenn die Unterstützung manchmal schwer zu rechtfertigen war. Folglich ließ Arafat es im Senat und im Repräsentantenhaus nicht an Anstrengungen fehlen, dem Ansehen der palästinensischen Sache zu neuem Glanz zu verhelfen.

Nach dem feierlichen Brimborium sollten die Realitäten sehr rasch ins Blickfeld geraten, und es würde ein schwieriges Unterfangen sein, dieser Autonomie mit unscharfen Konturen Gestalt zu verleihen und sie mit Leben zu erfüllen. All jenen, die ihn in Washington nach dem Zeitpunkt seiner Heimkehr nach Palästina fragten, antwortete er vorsichtig: »Bald, das wird der schönste Tag meines Lebens sein.« Er wollte sich zunächst Klarheit verschaffen und die ersten Fortschritte vor Ort beurteilen.

Seine Rückkehr in Tunis war triumphal. Die Tunesier hatten ihm den Empfang eines zum offiziellen Besuch eintreffenden Staatsoberhauptes mit Ehrenkompanie und Vertretern des diplomatischen Korps bereitet.

Hinter der undurchdringlichen Maske hatte Arafat die Episode meiner abgesagten Reise, dieser Eingriff in sein Privatleben, tief getroffen. Als Reaktion darauf beschloß er, mich auf jede seiner Reisen mitzunehmen, und die erste führte uns bereits ein paar Tage später nach China. Sein Temperament des Nomaden oder sagen wir, des Beduinen, hatte wieder die Oberhand gewonnen.

Wie konnten sie es nur wagen, sich in sein persönliches und familiäres Leben zu mischen? Ja, mehr noch: die Nase in die Angelegenheiten seiner Ehefrau zu stecken, die er aus Zurückhaltung nicht einmal darum bat, ihm einen Knopf wiederanzunähen, und dies deshalb lieber selbst tat?

Unterdessen wurde die Räumung von Jericho und des Gazastreifens durch die Israelis eingeleitet: Der Abzug der Beamten – der Zivilverwaltung, Polizei und Armee – begann. Die Dinge beschleunigten sich. Männer reisten aus Tunis ab, um ihre Posten in Gaza oder Jericho anzutreten – in Gegenden, die mancher von ihnen in den ersten Lebensjahren verlassen mußte. Sie brachen allein auf, ließen ihre Frauen und Kinder in Tunis zurück. Kinder, die in Beirut, Kairo, Amman, im Jemen geboren waren und die von der Zukunft Palästinas, dieses mythischen Landes, sprachen, das ihnen völlig unbekannt war.

Sie waren ihren Eltern wie eine riesige Nomadenschar aus biblischen Zeiten gefolgt, angeführt von ihrem Oberhaupt, Jassir Arafat. Jener verkündete ihnen nun, daß sie heimkehren sollten, daß das Ziel teilweise erreicht sei. Für die Jüngsten erwies es sich als ziemlich schwierig, Tunesien zu verlassen; ihnen wurde ein einfacher Aufschub bis zum Ende des Schuljahres gewährt.

Während jener Monate stattete ich einigen der im Aufbruch begriffenen Familien Besuche ab. Ich sah jedesmal die gleichen Szenen wieder: die Koffer, mit Kordel verschnürte Pappkartons und die Nachbarn, die einer nach dem anderen aufkreuzten, um nicht transportable Möbel und Haushaltsgeräte abzukaufen. Es waren schon ergreifende, herzzerreißende Momente, wenn der Vater aus einem alten desolaten Koffer eine oder zwei Plastiktüten hervorholte und, wie einen letzten Schatz, auf dem Tisch des Eßzimmers ein Album mit vergilbten Fotos, einige Pässe, unter britischem Mandat ausgestellte palästinensische Personalausweise auspackte. Er verwendete eine ganze Weile darauf, über alles etwas zu erzählen, jedes der Fotos ausführlich zu erklären: Großeltern, Haus, Garten, Zeitungsausschnitte, Banknoten, amtliche Schriftstücke. Jeder Palästinenser, wo er sich auch befindet – ob in New York, Paris, Tunis oder einem Flüchtlingslager –, wird eines Tages aus irgendeinem geheimen Versteck die Beweise einer vergangenen Existenz, von denen er sich nicht loslösen möchte, hervorholen, um sie weiterzugeben. Der Vater wandte sich manchmal an mich, die Frau Arafats, an die, die Bescheid wissen mußte. Er fragte mich: »Was denkst du, soll ich diesmal die ganzen Papiere mit in die Heimat nehmen oder ist es ratsamer, sie noch hier bei meiner Frau und meinen Kindern zu lassen?« Was sollte ich ihm empfehlen? Bei uns war es meine Mutter, die noch immer die alten Dokumente verwahrte. Auf diese Antwort erwiderte er mir: »Du hast recht, das ist wahrscheinlich klüger. Die Papiere werden bei ihnen sicherer sein. Sie werden später nachkommen.«

Ich weiß nicht, ob bei den anderen Völkern die Heimatliebe so innig ist wie bei uns Palästinensern, aber bei uns besteht eine Bindung von unendlicher Kraft. Ich habe in der Nähe von Tunis einen nach dem Golfkrieg aus Kuwait vertriebenen Maler kennengelernt. Dieser Mann um die Fünfzig war 1967 im Alter von zwanzig Jahren aus Jerusalem geflohen. Er konnte sich nur an ein einziges Viertel in Jerusalem erinnern: nämlich an das, in dem er im Alter von acht Jahren mit seinem Vater spazierenging. Seine Leidenschaft für Jerusalem hatte sich in Besessenheit verwandelt, in seinem bescheidenen Atelier malte er Dutzende Bilder dieses Stadtteils.

Ich fürchtete mich vor dem Augenblick, da auch wir Tunis verlassen würden; natürlich war ich von Freude, aber auch von Besorgnis erfüllt. Ich brauchte Gewißheiten, starke Gefühle, und stürzte mich deshalb in die Lektüre palästinensischer Autoren, aber auch französischer und israelischer.

Zuallererst in die Mahmud Darwischs, unseres großen zeitgenössischen Dichters. »Ich habe alles an Sprache gelernt und sie zerpflückt, um dann ein einziges Wort zu bilden: Heimat.« Dieser wunderbare Satz stammt aus dem Gedichtband *Weniger Rosen*. In seinem gesamten Werk spüre ich diese Leidenschaft für die Heimat, diese tiefe, verletzte Liebe zu einem Vaterland, das ihm abhanden gekommen ist. Seine Poesie ist der Reflex des Kampfes unseres palästinensischen Volkes und darüber hinaus ein Ausdruck der Suche nach einem glücklichen, einfachen Leben, in dem der Krieg kein Selbstzweck ist. Er betrachtet sich bis zu dem Tage als Reisender, an dem er sein Geburtsland Galiläa wiedersehen wird.

Sein politisches Engagement war so absolut wie sein Dasein als Literat. In etwa läßt er sich mit Aragon vergleichen. Er, der Poet des Kampfes, war es, der die Inspiration zu Jassir Arafats Rede auf dem Podium der Vereinten Nationen lieferte. Ebenso schuf er den offiziellen Text der 1988 in Algier proklamierten Gründung des Staates Palästina.

Nach der Unterzeichnung des Washingtoner Abkommens wollte er sich wieder seiner Aufgabe als Dichter widmen, indem er seinen Rücktritt aus dem PLO-Exekutivkomitee erklärte. Er trug die vertragliche Anerkennung mit; andererseits aber fürchtete er, Gaza–Jericho könne zum Selbstzweck werden und bliebe ohne neue Visionen, ohne greifbare und nationale Finalität. Diesen Zweifel empfinden wir noch immer.

Wie alle anderen Palästinenser verspürte ich eine gewisse Frustration: Wir willigten ein, mit den Israelis das zu teilen, was wir als einzig und allein nur uns gehörend ansahen. Das Land, die Sonne, die Bäume, die Natur, der Gesang der Vögel, all die vielen Gemütsbewegungen hatten meine Kindheit begleitet, sie wie ein tiefes Geheimnis umwoben. Sie stifteten die Grundlage meines Seins und meiner Identität.

Diese Anerkennung bedeutete jedoch auch für die Israelis das Ende der Gewißheiten, das Ende ihrer monolithischen Vision vom Gelobten Land. Eine Weiterentwicklung des Zionismus, der sich ja auf das Prinzip der *terra nullius,* des Niemandslandes, stützte. Die Anerkennung Palästinas durch Israel war die Aufhebung dieses historischen Irrtums, die Rehabilitierung nach einem langen Prozeß und die Rückkehr zu unseren Rechten.

Der Siegestaumel ist, sofern er sich lediglich auf Symbole bezieht, zweifelsohne bloß irrgläubige Verblendung, doch sollten wir durch die nunmehr geöffnete Bresche dringen oder darin fortfahren, von außen her, ohne Erfolg, zu kämpfen?

Die Militärs behaupten immer, es gebe keinen Sieg ohne Infanterie. Dies ist um so wahrer, wenn es darum geht, Verachtung und Indifferenz zu bezwingen.

Ich merkte, daß sich die israelische Gesellschaft weiterentwickelte. In Tel Aviv erstand eine neue, aufgeklärte Schicht. Das Augenmerk galt nun nicht mehr allein den Extremisten oder den Siedlern. Die Israelis waren tatsächlich bereit, sich im eigenen Land umzuschauen, den unterschiedlichsten Stimmen von Politikern, Schriftstellern, Philosophen Gehör zu schenken, deren Kredo eben nicht der schmale Pfad der Beherrschung war. Bei ihnen begann sich die Akzeptanz des anderen allmählich zu regen, selbst wenn dies mitunter die Dogmen und tradierten Vorstellungen gehörig erschütterte.

Einer jener Weisen, den viele Israelis wenige Jahre zuvor noch ablehnten, ohne sich die Mühe zu machen, ihn anzuhören, weil seine Äußerungen derart provokant waren, hieß Jeshayau Leibowitz. Ein Denker, ein Sucher, kein Atheist, sondern ein Mann, der seinem Judaismus und der Thora zutiefst verbunden war. Er wagte es, in lapidaren, doch scharfen Sätzen Reden von ungeheurer Heftigkeit gegen den Staat Israel zu führen. »Es muß ein Ende haben mit der Lüge, daß Israel ein demokratischer Staat sei. Israel ist ein Staat, der durch Gewalt zwei Millionen Menschen die Bürgerrechte vorenthält.« Da er die militärische Besetzung der betreffenden Gebiete verurteilte, hat er zum zivilen Ungehorsam und zur Auflehnung der jungen Einberufenen der Tzahal angestiftet. Gewiß handelte es sich bei ihm nur um einen Denker, einen Mann, der sich weiterentwickelt hatte, seitdem er nach seiner Flucht aus Nazi-Deutschland nach Palästina übergesiedelt war. 1948 noch Zionist und Aktivist der Haganah, bezeichnete er zwei Jahrzehnte später die Folgen des Sechstagekriegs als Desaster. Als ein israelischer Minister im Verlauf einer Kabinettssitzung die Anerkennung der Palästinenser vorschlug, soll er, so wird berichtet, eingewandt haben: »Das wäre genausogut, als wenn sie endlich die Existenz des Einmaleins anerkennen würden.«

Später dann, als Professor der hebräischen Universität von Jerusalem, predigte er nicht mehr in der Wüste, wenngleich Jitzhak Rabin sich wegen seiner Stellungnahmen zugunsten der PLO weigerte, ihm den israelischen Literaturpreis zu überreichen. Kehrtwendung der Geschichte: Vor gar nicht allzulanger Zeit drückte Rabin zum erstenmal Arafats Hand.

Damals bereits ein alter Herr von neunzig Jahren, ein biblischer Patriarch, der inzwischen verstorben ist, richtete Leibowitz seinen grimmigen Blick auf die israelische Gesellschaft und redete eine Sprache, die aus dem Mund eines Palästinensers als Beleidigung des israelischen Bewußtseins interpretiert worden wäre.

Es ist gut, daß es in allen Gesellschaften, auch in der unsrigen, der palästinensischen, starke Persönlichkeiten gibt, die sich als Verkünder der Wahrheit betätigen. Wenn ihre Rufe auch schmerzen, so sind sie doch Bollwerke gegen die Intoleranz, gegen Obskurantismus und Volksverdummung. In allen Lagern erheben sich mutige Männer und Frauen, denen Achtung gezollt werden muß.

Es war ein furchtbarer Weg für die Palästinenser, die mit einer Weltöffentlichkeit konfrontiert wurden, die am Tage nach dem Zweiten Weltkrieg unsere Tragödie im Angesicht jener nicht sah, welche durch die Wucht des Holocausts getroffen waren.

Während meiner Suche nach Wahrheiten dachte ich über unseren nahen Auszug aus Tunis nach. Ich stieß erneut auf die Memoiren des General de Gaulle. Arafat hegt eine gewisse Leidenschaft für den Mann, seinen Kampf, seinen Widerstand, seine Institutionen. Er hat diesen Mann der Dekolonisation durch die algerische Revolution und den Präsidenten Ben Bella kennengelernt.

Übrigens trägt Arafat stets eine Kette mit einem Koran und einem Lothringer Kreuz um den Hals. General de Gaulle hatte es ihm durch Vermittlung der Malteserritter zukommen lassen. Arafat hatte dem General mehrmals geschrieben, um ihm für seinen Standpunkt im Jahre 1967 und seine Annäherung an das palästinensische Problem zu danken.

De Gaulle war zweifelsohne jener Politiker des Westens, der als erster die Komplexität der Geschichte Palästinas begriff und der zugleich David Ben Gurion, dem Gründer Israels, in Freundschaft verbunden war. Er hat mitgeholfen, die israelische Armee und insbesondere deren Luftwaffe aufzubauen, zu einer Zeit, da Shimon Peres als junger Botschaftsrat in der israelischen Botschaft in Paris Dienst tat. Doch der Politiker de Gaulle zögerte auch nicht, Israels Unternehmungen zu brandmarken und jedwede Waffenlieferung auszusetzen, obwohl die französische Militärindustrie vertraglich an diesen Staat gebunden war. Er bewies damit politischen und ökonomischen Mut, der es Frankreich ermöglichte, seinen Platz in der arabischen Welt wieder einzunehmen.

Diese Nahostpolitik Frankreichs ist fortgeführt worden. Valéry Giscard d'Estaing war der erste europäische Präsident, der das Wort »Heimatland« in bezug auf die Palästinenser aussprach. Präsident Mitterrands Eintreten für die gegenseitige Anerkennung von Israelis und Palästinensern wurde durch die französische Diplomatie und Alain Juppé bestätigt.

François Mitterrand war während der vergangenen Jahre ein wichtiger, beharrlicher, mutiger Akteur. Man wird sich unter anderem seiner Rede in der Knesset entsinnen, wo er im Angesicht von Menachem Begin die Israelis aufforderte, Scharfblick und Verstand zu beweisen und die Rechte der Palästinenser anzuerkennen. Man wird sich ebenfalls seiner Begegnungen mit Jassir Arafat in Paris oder seiner Hilfe unter den tragischen Umständen von Beirut und Tripoli entsinnen. Gleichwohl hatte sein Einzug in den Elyséepalast manchen Araber aufgrund der Verbindung erschreckt, die er über die sozialistische Internationale zu Israel unterhielt. Mitterrand verstand es jedoch vielmehr, das Gewicht seiner freundschaftlichen Beziehungen einzusetzen, um den Dialog unter Achtung seiner fundamentalen Bedingung herbeizuführen: des beiderseitig, vom israelischen wie vom palästinensischen Volk anerkannten Rechts auf ein Heimatland.

Jassir Arafat wird niemals François Mitterrands wertvolle Hilfe in jenen Augenblicken vergessen, in denen menschliche, aber auch politische Werte auf dem Spiel standen. Frankreichs Wirtschaftshilfe in der Konsolidierungsphase der Unabhängigkeit ist von essentieller Bedeutung für die Palästinenser. Sie wird sicherlich ihre Fortsetzung mit der Rückkehr der Gaullisten und Jacques Chiracs Übernahme des Präsidentenamts in Frankreich erfahren, eines Mannes, der das Problem des Nahen Ostens so trefflich kennt.

Mein Interesse für Frankreich, für seine Kultur und Literatur entstand bereits in meiner Kindheit dank des Unterrichts, den meine »Schwestern« der frankophonen Kongregationen Palästina seit Jahrhunderten, seit Beginn der Kreuzzüge, weitergeben wollten. Ich habe die Bücher Jean-Paul Sartres und Simone de Beauvoirs gelesen, die auf israelischer Seite wohl engagierter waren als auf palästinensischer.

Im Gegensatz dazu war der Störenfried Jean Genet von den Palästinensern bezaubert gewesen. Wir verdanken ihm *Quatre Heures à Chatila* (Vier Stunden in Schatila), diesen den Märtyrern der Lager von Sabra und Schatila gewidmeten Klagegesang. Genet, schonungsloser, kruder, wagemutiger, skandalöser Schriftsteller, Provokateur mit aufwühlendem Schreibstil, hatte die palästinensische Sache in den siebziger Jahren entdeckt, zu einer Zeit, in welcher der Terrorismus und eine gewisse Revolutionsromantik leidlich miteinander harmonierten. Diese Ideologie hat blinde Gewalt gegen Unschuldige heraufbeschworen, als Antwort auf all die staatlichen Repressionen, die sich legitim nannten: Südamerika, Kuba, Bolivien, Nicaragua, Mosambik, das rassistische Regime von Pretoria, die Wunde Vietnam, vom Krieg im Oman bis zu dem in Palästina. Genet wollte Zeugnis ablegen von dem, was er in den Flüchtlingslagern gesehen hatte, er idealisierte die palästinensische Sache in einem Maße, daß er sie zum Mittelpunkt des Denkens der arabischen Welt hochstilisierte ... Diese Vorstellung hat uns einen hohen Preis gekostet, da unsere Brüder uns im Namen der Solidarität lediglich helfen wollten, um uns leichter zu verschlingen. So sehr waren unsere Überzeugungen, unsere revolutionären Ideen für gewisse Regime zu potentiellen Gefahren geworden . . . Genet schrieb: »In der palästinensischen Revolution sehe ich vor allem die Revolution. Ohne Zweifel ist es notwendig zu kämpfen, um in das verlorene Land zurückzukehren, doch es erscheint mir wesentlicher, das arabische Individuum zu verändern, zunächst durch das palästinensische Modell, anschließend mit der Hilfe der Palästinenser selbst.«

Genet sah die Widersprüche der arabischen Welt nicht. Er beurteilte nur die kühnen, weitgreifenden Ideen der Palästinenser zu einer Zeit, in der die Demokratie, der Laizismus und der Wille zur Koexistenz zwischen den großen Religionen triumphieren konnten. Es ist stets enttäuschend, daß die großen Augenblicke frischen Windes, der Veränderung, der Erneuerung, welche die Fortentwicklung von Gesellschaften markieren, fatalerweise irgendwann auf Verständnislosigkeit stoßen. Dann ist es zu spät.

Nach Washington mußten die Utopien den Realitäten Platz machen. Wie schwierig ist es doch, sich nach einem nicht zu Ende geträumten Traum zu erheben – und dennoch erwarteten die Palästinenser von Gaza, Jericho und der Diaspora die Konkretisierung der Hoffnungen.

Hinter dem Frieden der Tapferen und der Zusammenkunft mutiger Männer drängten sich die Flüchtlinge, die Verlassenen der staubigen und armseligen Lager, die schnellstens das Ende ihrer Leiden, ihrer Verzweiflung anbrechen sehen wollten. Sie konnten nicht verstehen, daß sich einer im Fernsehen übertragenen Zeremonie, bei der sich alle umarmten, nicht augenblicklich Ergebnisse und Wohltaten anschlossen.

Jassir Arafat war sich dieser Kluft zwischen der Wirklichkeit und dem Zauber der Worte bewußt, wie er mir bekannte: »Die wirklichen Pflichten werden für uns erst anfangen. Wir werden viel Mut und Ausdauer vor Ort benötigen, denn ich weiß, daß aufbauen weit schwerer als kämpfen ist. Aber zum allerersten Mal in der Geschichte weht eine palästinensische Flagge über palästinensischem Territorium.«

Die Grundsteine dieses Friedens wurden gerade erst und ganz allmählich, ja, viel zu langsam gelegt. Eine unerklärliche Langsamkeit, welche die Ausbeute von Washington in die schlimmsten Enttäuschungen umschlagen lassen konnte – das spürten wir in Tunis. Der Erfolg eines derartigen Unternehmens hing meiner Meinung nach von zwei Faktoren ab: der Schnelligkeit, mit welcher der fruchtlosen Opposition der Wind aus den Segeln genommen werden konnte, und dem Willen der Menschen. Die Zuversicht der Männer, die den Frieden geschaffen haben, mußte bisweilen schmerzliche Rückschläge hinnehmen, doch jedesmal wurden die Schwierigkeiten überwunden.

Indes, statt wie Propheten voranzuschreiten, sind sie wie Buchhalter vorgegangen. Wo lag die Schuld? Bei der Unsicherheit Israels, der mangelnden Voraussicht der Palästinenser, der Nachlässigkeit der internationalen Staatengemeinschaft, deren Wirtschaftshilfe nur tropfenweise eintraf? Es war offenkundig, daß die eingeleitete Dynamik einen Einbruch erlitten hatte und den Extremisten damit Tür und Tor geöffnet worden war. Die Israelis hielten alle Karten in der Hand, es war an ihnen, den großen Sprung zu wagen; doch diesen Mut brachten sie nicht auf. Für Arafat war es undenkbar und hätte an Selbstmord gegrenzt, auf die unabdingbaren Voraussetzungen der Souveränität zu verzichten, wie etwa die Ausrichtung freier Wahlen, den Rückzug der israelischen Armee aus den großen Städten und die Räumung der Besiedlungsdörfer.

Unser Aufbruch aus Tunis verzögerte sich, blieb jedoch unausweichlich.

Am 1. Juli 1994, nach zwölfjährigem Aufenthalt in Tunis und einem sechsundvierzig Jahre – die Zeitspanne seit der Gründung Israels – währenden Exil schickte Arafat sich an, den Fuß auf den freien Boden Palästinas zu setzen. Ich sollte ihm wenige Tage später nachfolgen.

– 17 –

Die Stunden in Washington würden rasch vergessen sein und die israelisch-palästinensischen Beziehungen nach der anfänglichen Euphorie schwere Zeiten durchstehen. Der ausgehandelte Friedensplan war in Wirklichkeit nur ein Rahmenvertrag, und um dem so lange ersehnten Frieden zum Durchbruch zu verhelfen, mußte man nunmehr die Probleme Schritt für Schritt und genauestens untersuchen. Auf beiden Seiten machte sich Desillusionierung breit. Die beiden Protagonisten glaubten, getäuscht worden zu sein. Zum erstenmal in der Geschichte wurde ein Friede unterzeichnet, ohne daß alle Voraussetzungen, alle Vertragstexte konkretisiert worden waren. Alles mußte rasch vonstatten gehen: Die Dynamik des Friedens in Gang zu setzen, war ein wesentlicher Faktor, doch die Gefahr lag in der Überstürzung. Der schwächste Grashalm konnte die instabile, vom Trio Arafat, Rabin und Peres gelenkte Lokomotive zum Entgleisen bringen.

Ein ganzes Jahr lang hatten sich Palästinenser und Israelis mit einem Spielchen der Flohsprünge beschäftigt. Jedesmal mußte nachgegeben oder ein Vorteil abgerungen werden. Innenpolitische Überlegungen gesellten sich diesem fortwährenden Feilschen hinzu. Rabin und Arafat gerieten in einem fruchtlosen Streit aneinander, der alles in Gefahr brachte, was sie aufzubauen suchten. Diese Konfrontation und ihre offensichtliche Unfähigkeit, handfeste Zeichen einer neuen Wirklichkeit zu präsentieren, ermöglichten es einer erbitterten und gefährlichen Opposition, an Stärke zu gewinnen. Ihre Streitigkeiten machten um so weniger Sinn, als seit dem Händedruck von Washington Rabins und Arafats Geschicke unweigerlich miteinander verkettet waren, da der Sturz des einen nur den des anderen nach sich ziehen kann.

Im Gegensatz zu diesem politischen Duell, diesem Zweikampf der Worte, entwickelte sich die Lage auf dem Terrain positiv. Die israelische Armee räumte zügig das Gebiet des Gazastreifens und die Enklave Jericho. Die Befreiungsarmee Palästinas nahm mit aller Behutsamkeit deren Platz ein. Ihre Aufgabe ist kolossal, da der Gazastreifen eine Region, ein schmaler Landstrich ohne Verwaltungsstrukturen ist und auf sozialer sowie wirtschaftlicher Ebene der Verwahrlosung überlassen wurde. Öffentlicher Wegebau, Müllabfuhr und Kanalisation fehlen gänzlich, die Bautätigkeit ist planlos und wild, die Straßen sind stark ausgefahren. Seit der Intifada hatten die Israelis jeglichen Unterhalt eingestellt und damit die bereits chronische Misere noch verschärft.

In acht erbärmlichen Flüchtlingslagern drängt sich annähernd ein Drittel der 800 000 Einwohner zusammen ... Und genau auf diesem Nährboden rekrutieren die religiösen Fundamentalisten durch ihre flammenden, zur Rache aufrufenden Reden ihre Gefolgsleute. Sie wenden sich an die müßigen Jugendlichen, die im Lobgesang auf Allah ein Palliativ, ein Linderungsmittel für ihr Elend zu finden glauben. Von Kadern umklammert und fanatisiert, dienen sie in den Reihen der Eiferer Gottes, die nicht zögern, ihr Leben zu opfern, um ein Attentat auszuüben.

Diese muslimischen Eiferer Gottes haben ebenfalls ihre

Entsprechung in Israel: die Tausende von Siedlern, die sich nach 1967 auf den besetzten Gebieten in festungsähnlichen Wehrdörfern niederließen, wo sie Gott suchen und dabei nicht zögern, Massaker wie das von Hebron heraufzubeschwören, das annähernd fünfzig muslimische Gläubige mitten im Gebet am Grab der Patriarchen das Leben kostete. Die Antwort darauf erfolgte mit dem Anschlag auf den Bus vom Dizengoffplatz. In Gaza scheuen die Militanten der Hamas und die von Arafats Fatah auch vor gewaltsamen Auseinandersetzungen untereinander nicht mehr zurück.

In Anbetracht dieser Lage waren die Israelis wie auch die Länder, die das Friedensabkommen initiiert haben, tief besorgt: Die Autonomie war auf dem Wege, doch in Gaza und Jericho noch immer kein Arafat in Sicht. Die Monate verstrichen, unerschütterlich blieb Arafat in Tunis. Hatte er möglicherweise letzten Endes beschlossen, sich nicht nach Gaza und Jericho zu begeben? Ein Scheitern in diesem Stadium würde Furore machen und eine wunderbare Plattform für die Fundamentalisten ergeben, die dann sicher nicht mehr zurückschreckten, ihre Gesetze aufzuzwingen. Diese Gefahr ist auch heute noch eine der wesentlichen Gegebenheiten der Situation in Gaza, in der Arafat genötigt ist, seinen Weg zu gehen.

Wir warteten in aller Ruhe in Tunis ab, bis uns die Garantien ausreichend erschienen, um uns auf unser Abenteuer einzulassen.

Während dieser Zeit wurde Arafats Tun und Lassen genauestens analysiert. Die ganze Welt suchte die Gründe einer derartigen Verzögerung zu begreifen. Arafat hätte sich weit früher in Gaza niederlassen sollen, um den Aufbau der palästinensischen Autonomie zu leiten. Doch wartete er so lange, wie seine Geduld es zuließ, um sich die nötigen Voraussetzungen für den Erfolg zu verschaffen. Um sein Verhalten zu erklären, machte ihn die Gerüchteküche zum Schwerkranken – wo er doch lediglich an einer Angina litt! Für gewöhnlich übergeht Arafat seine Wehwehchen mit herzlicher Mißachtung und setzt seine Arbeit trotz Fiebers und Schmerzen fort. Sein Leib-und-Magen-Mittel ist Honig, den er in Mengen zu sich nimmt; jedoch diesmal erwies es sich als unzureichend, dem Infekt Einhalt zu gebieten. Er ist der Meinung, dieses natürliche und nicht verderbliche Nahrungsmittel sei mit besonderen Heilkräften ausgestattet, die das Altern der menschlichen Zellen verhindern. Wenn er seinen Honig, ein Löffelchen am Morgen nach dem Aufwachen, schluckt, versäumt er es nie, mir dessen wohltuende Wirkung ins Gedächtnis zu rufen. Ganz allgemein betrachtet, ist Arafat sehr maßvoll. Er achtet sehr darauf, ausgewogene Mahlzeiten zu sich zu nehmen, und ißt wenig Fleisch, jedoch viel Hühnchen, Gemüse, Mais, Karotten und Reis.

An diesem Tag – ich glaube, es war im Mai – hatte er Fieber. In den Straßen von Tunis gingen besorgniserregende Gerüchte über seinen Gesundheitszustand um. Wir sahen uns gezwungen, ein Frühstück mit einem amerikanischen Fernsehsender zu organisieren, um zu beweisen, daß er in bester Form war!

Mein Mann, der sich über seine Rückkehrabsichten nicht sonderlich konkret äußerte, schickte mich in humanitärer Mission durch die Welt, um die Solidarität der verstreuten Gemeinschaften von Palästinensern zu wecken. Unsere Diaspora ist in Südamerika, und ganz besonders in

Chile, wo 400 000 Palästinenser leben, sehr bedeutend. Dort wurde mir ein enthusiastischer Empfang zuteil. Mein Ziel war, die Bande zu diesen Gemeinschaften fester zu knüpfen, damit sie einwilligten, uns zu helfen. Auf die Art vermochte ich vorzeigbare Erfolge und finanzielle Unterstützung zu erzielen, die nicht gerade einem Almosen gleicht, wenn zu einem Ehrenbankett annähernd dreitausend Personen kommen. Diese internationalen Verbindungen bringen Palästina durch ihre Stimmen ins allgemeine Bewußtsein.

Doch die Stunde unseres Umzugs stand nun bald bevor. Wie immer in seinem Leben spürte Arafat, daß der richtige Augenblick gekommen war und er ihn nicht verpassen durfte. Die tunesische Regierung bereitete ihm einen triumphalen Abschied. Eine gewisse Anzahl unserer palästinensischen Gefährten sollte an Ort und Stelle bleiben, um die Verbindungen mit den verschiedenen internationalen Organisationen aufrechtzuerhalten.

Diesmal wollte Arafat nicht mehr warten: Er mußte unbedingt am 1. Juli in Gaza sein. Tunesien hatte uns wie seine Kinder aufgenommen, und nun mußten wir voneinander scheiden . . .

Die fast ein Jahr zuvor nach Gaza entsandten Funktionäre übermittelten uns ermutigende Zeichen. Für Arafat lag es auf der Hand, daß er sich endgültig nur in Jericho niederlassen konnte, wie es die Israelis gewünscht hatten: Jericho, die schlichte Enklave, theoretisch Sitz der palästinensischen Autonomieverwaltung, jedoch nur ein kleines Städtchen, in dem für ihn die Gefahr bestand, rasch die Fühlung mit den wesentlichen wirtschaftlichen und sozialen Realitäten zu verlieren.

In Gaza einzuziehen, verlangte einen gewissen Mut: Diese Stadt hatte noch mehr als das Westjordanland unter der Besatzung gelitten. Arafat wollte mitten unter den Seinen im Brennpunkt der Probleme sein, er brauchte das Bad in der Menge. Die Rückkehr nach Gaza wurde ab und an von gewissen Palästinensern kritisiert, die von seinem Willen, sich dort niederzulassen, nichts hielten. Jassir pflegte hierauf zu erwidern: »Gaza ist ein Stück meiner Heimaterde Palästina. Dort werde ich mich mit meiner Fahne zu Hause fühlen, aber ich werde Jerusalem dabei nicht vergessen. Ich habe noch nie meine Versprechen vergessen.«

Arafat hatte seine Rückkehr in mehreren Phasen geplant: Er wollte für eine erste Kontaktaufnahme am 1. Juli in Gaza eintreffen. Was mich anging, wurde ich damit betraut, die Kisten und Koffer für den endgültigen Einzug zu richten, der am 12. Juli erfolgen sollte.

Arafats Ankunft in Gaza wurde mit ungeheurem Jubel begrüßt. Die begeisterte Menge hatte sich bereits auf den ersten Metern nach dem Grenzposten versammelt, um ihn zu empfangen. Er war völlig außer sich vor Rührung, vor Freude. Aber das ließ sich vielleicht nicht erkennen, so bedrängend war der Ansturm des Volkes. Ich begleitete ihn mittels Fernsehen von Tunis aus. Dieser Kuß auf den Boden des Heimatlandes, siebenundvierzig Jahre, nachdem er daraus verjagt worden war ... Ich wußte, woran er in diesem Augenblick dachte: Ihm war die Heimkehr geglückt, doch wie viele seiner Freunde, seiner Gefährten hatte er im Verlauf des langen Weges verloren! Er hatte darauf bestanden, daß Oum Djihad, die Witwe Abu Djihads, ihn an diesem Tag begleitete, zum Gedenken an jenen treuen Gefährten, mit dem er den Schwur leistete, irgendwann wiederzukehren. Das Versprechen war eingehalten, das Opfer folglich nicht sinnlos. Vor meinem Fernsehschirm wurde ich beim Anblick dieser palästinensischen Fahnen, dieser palästinensischen Polizisten und ... dieser Staus von Gefühlen überwältigt. Es ist bewegend zu wissen, daß sie zu einem gehören, daß es die eigenen sind – wo uns der unberechtigte Begriff »Flüchtling« doch so lange angehaftet hatte.

Nach Beendigung seiner Gaza-Jericho-Rundfahrt, einem Abstecher nach Paris, um den Houphouët-Boigny-Friedenspreis entgegenzunehmen, und einem anschließenden zweitägigen Aufenthalt in Saudi-Arabien kehrte er nach Tunis zurück. Unsere offizielle Abreise war auf den 11. Juli festgelegt.

Er tauchte unvermittelt bei uns auf und wunderte sich, daß die Koffer noch nicht bereitstanden. Was mich betrifft, so hatte ich meine Sachen schon sämtlich eingepackt; es blieben nur noch die seinen, die ich nicht anrühren wollte, weil er sich gern selbst darum kümmert. In unserem Haus war ein ganzer Raum den Geschenken der verschiedenen Staats- und Regierungschefs vorbehalten. Er hat sie eines nach dem anderen in Zeitungspapier eingewickelt. Diese Aktion dauerte allein schon vier Stunden ... Er nahm all seine Erinnerungsstücke mit, ohne irgend etwas zu vergessen. Man hatte den Eindruck, jeder Gegenstand, den er in die Hand nahm, erinnerte ihn an ein bestimmtes Ereignis in seinem Leben.

Am nächsten Morgen erfolgte die Abschiedszeremonie im Palast von Karthago und darauf am Flughafen. Ich weinte, ich schluchzte an Leilas Schulter, der Gattin des Präsidenten Ben Ali, die eine Freundin, eine Vertraute geworden ist. Tunesien ist das erste arabische Land, von dessen Seite es zu keinerlei Einmischungen in die palästinensischen Angelegenheiten kam. Wir konnten dort völlig frei über unsere Politik entscheiden, was nicht überall möglich gewesen war. Dies war das erste Mal, daß wir aus freien Stücken, ohne davongejagt zu werden, aus einem Gebiet, einem Staat aufbrachen.

Unsere Karawane von ungefähr hundert Personen landete einige Stunden später in Kairo, wo ich die Nacht in Gesellschaft meiner Schwester Hala verbrachte, die eine Zeitlang mit uns in Gaza bleiben würde. Im Flugzeug erklärte Jassir uns allen, daß wir eine schwierige Situation anträfen, daß wir jedoch mit harter Arbeit aus Gaza einen Garten machen könnten. Sein Enthusiasmus war anstekkend. Er wiederholte: »Wir werden Wunder wirken.«

Gazas geographische Lage erleichtert indes nicht gerade die Beziehungen von und nach draußen. Die Hoheitsgewalt über die Sicherung der Grenzen liegt nicht in unserer Hand, da sie den Israelis anvertraut ist; und man muß wirklich sagen, daß sie Mißbrauch damit treiben. Jeder Palästinenser, der in den Gazastreifen einreisen will, muß sich hierzu die Erlaubnis der israelischen Behörden einholen. Die Wartezeit auf eine solche Genehmigung kann mehrere Tage, ja sogar etliche Wochen dauern. Wir sind hier zwar zu Hause, aber in einer Art Getto eingesperrt. Die Israelis haben nicht begriffen, daß es unerläßlich ist, uns zu vertrauen, um Frieden zu erhalten.

Als ich in Gaza eintraf, empfand ich sogleich ein Gefühl der Freude und Erfülltheit, aber auch der Furcht. Diese Reise war kein einfacher Besuch, sondern ein definitiver Einzug. Arafat wurde von der Menge oder von den Offiziellen vollends in Beschlag genommen. Noch immer mußte alles improvisiert werden. Nach der offiziellen Begrüßungsfeier fanden meine Schwester und ich uns unversehens in dem für uns hergerichteten Haus wieder. Arafat sollte drei Tage lang kein Lebenszeichen von sich geben.

Er hatte umgehend alle Verantwortlichen zusammengerufen und arbeitete Tag und Nacht. Bis ich mich behaglich eingerichtet hatte, sollte noch eine ganze Weile vergehen, zumal unser gesamtes Gepäck an der Grenze hinterlegt war! Wir mußten vierzehn Tage ausharren, bis wir unsere persönlichen Dinge in Empfang nehmen konnten . . .

Arafat sah sich plötzlich allein gelassen, er mußte sich selbst mit allen Projekten befassen. Ich fand endlich ein kleines Haus, das wir sofort mieteten. Es ist nicht weit von seinem Büro, und ich konnte es um eine Etage aufstocken, um mich dort mit meinem Baby einzurichten.

Damals sah ich meinen Mann hier in Gaza seltener als damals in Tunis; seine zahlreichen Konferenzen, seine Verhandlungen mit den Israelis nahmen ihn stark in Anspruch. Er sah der Ankunft unseres Kindes mit einer gewissen, ganz und gar männlichen Besorgnis entgegen, wie folgende Bemerkung bezeugt: »Weißt du, ich, ich werde nicht viel Zeit haben, um mich um das Baby kümmern zu können. Das wird vor allem deine Aufgabe sein.«

Zum Scherz habe ich ihm geantwortet: »Wenn du um drei Uhr morgens nach Hause kommst, werde ich dich nicht darum bitten, es zu wickeln.«

Auch ich brauchte eine gewisse Intimsphäre; aus dem Grund habe ich darauf bestanden, dieses zweite Geschoß hochziehen zu lassen, in das ich mich mit dem Baby zurückziehen konnte. Können Sie sich mich vorstellen, mit all den Leibwächtern um mich herum und den Pistolen, die überall herumliegen, und dem Baby mittendrin!?

Die Aufgabe als Mutter, die ich nun schon bald erfüllen sollte, ist eine der wichtigsten in meinem Leben. Ich trug in mir den Erben oder die Erbin von Jassir, doch das hielt mich nicht davon ab, meine karitativen Tätigkeiten, die ich noch intensivieren möchte, fortzusetzen.

Mir liegt sehr am Herzen, den Frauen erneut eine bedeutende Rolle zurückzugeben und ihnen zu dem Platz in der palästinensischen Gesellschaft zu verhelfen, der ihnen zusteht. Was das Gesundheitswesen und die Erziehung anbelangt, ist die Rolle der Frau von entscheidender Wichtigkeit; sie darf nicht länger auf häusliche Aufgaben beschränkt bleiben. Ich würde sogar noch weiter gehen: Wir müssen uns dringend damit befassen, der palästinensischen Frau eine sichere Rechtsstellung zu verschaffen. Wir errichten einen neuen Staat, und die Frauen sollen an dessen Aufbau teilhaben. Vor unserem Auszug aus Tunis hatte ich meinen Ehemann gebeten, eine weibliche Polizeitruppe auf die Beine zu stellen. Er betraute Oberst Fatmi Bernawi damit, eine Aktivistin von Rang, die mehrere Jahre lang von den Israelis eingesperrt worden war. Sie leitet nun eine Hundertschaft Polizistinnen, die der Verkehrsüberwachung zugeteilt worden sind. All das nimmt jetzt allmählich Gestalt an, doch ich wünsche mir raschere Fortschritte.

Rund um Arafats Büro bemerkt man noch immer den

gleichen Zustrom: Die Leute harren Stunden vor dem Gebäude aus, um ihn anzusprechen und von ihm die Zusage zu erhalten, daß er ihre Probleme regelt.

Eine weitere Notwendigkeit, der ich mich widme, ist die Gründung eines richtigen Entbindungsheims. In Gaza gibt es noch keines, trotz 800 000 Einwohner. Jeden Abend, wenn mein Mann stets zur gleichen späten Stunde nach Hause kommt, reden wir miteinander. Wir sprechen die Schwierigkeiten an, und manchmal berücksichtigt er, was ich ihm sage.

Letzten Dezember beispielsweise saß ich, steif vor Kälte, in zwei oder drei Decken gepackt, in unserem unbeheizten Haus. Ich erkundigte mich bei meinem Mann über die Zustände in den Gefängnissen. Er erwiderte mir, daß er noch nicht die Zeit gefunden habe, sich damit zu befassen. Ich hakte nach: »Wie verbringen die Gefangenen die heutige Nacht? Ich bin überzeugt, daß sie keine Heizung haben.«

Jassir antwortete nicht, stand auf und ging telefonieren.

Am nächsten Tag erfuhr ich, daß er Anweisung gegeben hatte, Decken an alle Gefängnisse ausliefern zu lassen.

Täglich stellen sich uns neue und vielfältige Kämpfe, die es auszutragen gilt. So wie die Dinge politisch derzeit stehen, kann ich sagen – wobei ich nur meine ganz persönliche Meinung wiedergebe –, daß die Situation nicht sehr gut ist. Folglich müssen wir alles vorantreiben, noch weiter gehen, sonst droht der Friedensprozeß zum Erliegen zu kommen. Arafat ist heutzutage der einzige, der kämpft, der weitermachen will, der immer voller Begeisterung ist.

Meine mit unserem Land verknüpfte Zukunft ist nunmehr die meines Kindes. Dieses Kind ist in Gaza gezeugt worden, und ich sorge mich um seine Zukunft. Wird es das Symbol einer Erneuerung sein? Wie wird das Schicksal dieses Kindes aussehen, das ich unter meinem Herzen trage? Es wird wie alle anderen sein, es wird die Freuden und Leiden Palästinas teilen. Ich bin von Hoffnung erfüllt... Wir haben bereits seinen Namen ausgesucht: Es wird Amar, nach Arafats Decknamen, heißen, wenn es ein Junge wird, und Sahwa, sollte es ein Mädchen sein – nach dem Vornamen von Arafats Mutter, der auf arabisch »Stolz« bedeutet. Diesem Kind muß das Glück lächeln, damit es frei und ungehindert mit allen anderen Kindern spielen kann und seine Zukunft nicht mehr Krieg und Blut sein mögen.

Mein Entschluß ist gefaßt: Ich werde in Paris niederkommen, obwohl ich weiß, daß die Vorhaltungen wieder einmal nicht ausbleiben werden. Vorhaltungen, die nicht mehr von Fremden, sondern von Palästinensern kommen werden. Wie soll man ihnen erklären, daß das Überleben unserer Kinder für uns palästinensische Frauen einen ungeheuren, einen tief in unserem Unterbewußtsein verwurzelten Wert darstellt? Die Geburt ist ein Kampf, den wir im Innersten unserer Leiber austragen und fortführen müssen – den Fortbestand zu sichern, das Erbe zu schützen, ohne das geringste Risiko einzugehen, ist der Auftrag, mit dem unsere Mütter uns betraut haben. Die Besetzung hat Gaza in einem beklagenswerten sanitären Zustand belassen und, was die Krankenhausversorgung anbelangt, vollkommen vernachlässigt. Beim Auftreten von Komplikationen würde die Entbindung, wie zu diesem Zeitpunkt sicher feststand, durch Kaiserschnitt erfolgen, und die Vorstellung, mein und Arafats Kind in einer israelischen Klinik zur

Welt zu bringen, war unerträglich. Ihr ärztliches Pflichtgefühl und ihre Kompetenz waren hierbei nicht in Frage gestellt, für mich bestand einfach eine unüberwindbare psychologische Hürde. Desgleichen konnte ich mich auch zu dem Vorschlag des Botschafters eines europäischen Staates nicht durchringen, der bereit war, für mich ein in Geburtsmedizin spezialisiertes Team einfliegen zu lassen.

Im allmählich erwachenden und sich verändernden Getöse von Gaza nahm ich neues Leben wahr. Eine Woge neuer Hoffnung leitete die Palästinenser, die eine lange Zeit der Irrwege und Heimatlosigkeit hinter sich ließen. Eine dreißig Jahre andauernde Prüfung, die sie physisch zerschmettert, moralisch zerrissen und zutiefst verletzt hatte. Mein Mann war wie besessen von dem Gedanken, es könnte unter Palästinensern und auf einem befreiten Teil unseres Staatsgebiets Blut fließen,wo doch noch so viel zu tun blieb, um zum Sieg zu gelangen. Er mußte seine Autorität festigen, ohne sich auf das Spiel der Israelis einzulassen, die sich beinahe fanatisch der Auflösung jener Organisationen verschworen, welche die Friedensabkommen nicht anerkannten. Während er die mörderischen und selbstmörderischen Attentate gegen die Israelis verdammte, predigte Arafat zugleich die Aussöhnung – eine undankbare Mühsal. Die Ähnlichkeit mit Rabins politischer Situation entging niemandem. Auch der israelische Ministerpräsident fand sich in seinen Widersprüchen verstrickt und den Drohungen der Siedler ausgesetzt. Das Wohl und Wehe dieser beiden Männer war zusehends enger miteinander verknüpft, trotz einer spürbaren Gereiztheit bei den Verhandlungen, die oftmals in einer Sackgasse mündeten. Der unermüdliche Shimon Peres nahm sich daraufhin der Sache an, um sich auf die Suche nach Zauberformeln zu machen. Im Verlauf langer Nachtsitzungen arbeiteten die palästinensischen und israelischen Fachleute an Kompromissen, denen sie anschließend zur Akzeptanz verhelfen mußten.

Diese Entwicklung, diese neue Zeit erlebte ich intensiv an Jassir Arafats Seite mit. Ich wartete jede Nacht bis um drei Uhr in der Frühe auf ihn, wenn er sich nach einem erschöpfenden Tag etwas Ruhe gönnte. Einem Tag, der für mich mit Besuchen jeglicher Art ausgefüllt war: Frauen von Gefangenen, Leute, die um Arbeit, Renten oder um Vermittlung ersuchten. Manchmal fühlte ich mich während der langen Stunden etwas verloren, und mich beschlich eine innere Unruhe: Meine Gedanken flogen über das Mittelmeer davon, nach Paris, wo meine Familie, mein Vater, meine Mutter, meine Schwestern lebten. Abu Daud, mein so zärtlicher, so sanfter, so sehr geliebter Vater, kämpfte gegen ein unheilbares Leiden an, das ihn langsam verzehrte. Die Nachrichten aus Paris waren nicht gut. Er klammerte sich mit unmenschlicher Kraft an das Leben. Mehrere Male bereits war er in tiefes Koma gesunken. Er selbst hatte nach einem Priester verlangt, weil ihm bewußt geworden war, daß seine letzte Stunde nahte. Das Gebet besänftigte ihn. Der Schleier des Todes hatte sich wieder gelüftet; es war meinem Vater gelungen, ihn zu zerreißen – doch für wie lange noch? Die Ärzte sprachen von einem Wunder für diesen Mann, dessen Leben zu Ende ging, während zur gleichen Zeit die Geburtsglocken des Friedens läuteten. Für ihn jedoch, wie für so viele andere Palästinenser seiner Generation, zerrann ihr Palästina, das sie einst gekannt, durchwandert und besungen hatten, wie der feine Sand der Strände von Jaffa zwischen ihren Fingern. Ihr Palästina würden sie nicht wiedererkennen. Hätte er die Kraft, diesen neuerlichen Kampf durchzustehen, der zu einer neuen Nation führte?

In Gaza stand das Telefon nur selten still, Verwandte und Freunde berichteten mir vom täglichen Ringen meines Vaters. Ich hatte nur den einen Wunsch, nur die eine Bitte, daß er das Kind, das ich erwartete, noch in seine Arme schließen könnte. Ich mußte Gaza verlassen. Die Ärzte drängten mich, nach Paris zu fliegen; mein achter Schwangerschaftsmonat brach an. Meine Umgebung rief mir fortwährend ins Gedächtnis, daß Jassir Arafat im siebten Monat zur Welt gekommen sei. Diese Frühgeburt deutete bereits als Vorzeichen auf ein außergewöhnliches Schicksal hin, eine manchmal recht beklemmende Vorbestimmung, wenn man um die Macht des Verhängnisses in der orientalischen Kultur weiß.

Sofort nach meiner Ankunft stellte ich fest, daß mir die äußerste Schwäche meines Vaters verschwiegen worden war. Er konnte nicht mehr sprechen und litt furchtbar, sein bereits ferner, zuweilen aber noch klarer Blick konnte seine Tochter jedoch erkennen, die ihn anflehte, noch ein wenig durchzuhalten. Seine durch die Infusionen geschwollenen Hände hatten das Gewicht der Verzweiflung. Müdigkeit überkam ihn, und seine Augen, die sich ab und an einen Spalt öffneten, füllten sich mit jenen schönen Tränen, dem tiefen Ausdruck einer Mischung aus Traurigkeit, aber auch aus Glück darüber, die Seinen in zusehends flüchtiger werdenden Augenblicken wahrzunehmen.

Meine Schwester wurde in der Nacht vom Sonntag, dem 25. Juni, Zeugin seines letzten Atemzugs.

Alle Frauen der Familie hatten, wie es der Brauch will, Schwarz angelegt, das Schwarz der Frauen des Mittelmeers, das im Angesicht dieses sonnigen Pariser Tages noch dunkler, noch trauriger, noch düsterer wirkte. Nein, Abu Daud würde dem Kind Palästinas die Geschichte seines Jaffa, seines Hauses, seiner Orangenbäume, seines Elends und seiner Hoffnungen nicht mehr erzählen können. Das direkte Band zu dieser Vergangenheit war nun für immer durchtrennt. Das Exil quält einen im Leben, aber ist es nicht noch weit unerträglicher, wenn es einem im Tod widerfährt? Mein Vater Daud Tawil, der das Jahrhundert auf der Suche nach seinem Land von Jaffa bis Jerusalem, von Amman bis Nablus, von Ramallah bis Akko durchwanderte, ruht auf einem kleinen Pariser Friedhof, so weit entfernt von unseren sonnigen Hügeln und dem Schatten der Mauern Jerusalems.

Die Bilder jenes Augenblicks verschwimmen, vermischen sich mit anderen: mit denen der Geburt Sahwas. Der Tod eines geliebten Menschen, die Geburt eines ersehnten Kindes, Augenblicke des Leids und des Glücks, in denen man sich dabei ertappt, glücklich zu sein, wo der Kummer doch noch nicht besänftigt ist.

Ein Krankenhaus im Belagerungszustand, die Ärzte, die Krankenschwestern, Doktor Rolet, der sich zu schaffen macht: Sahwa liegt auf mir, gerade hat sie ihren ersten Schrei ausgestoßen . . . Ein Rauschen dringt durch die Tür des Operationssaals bis zu mir, es ist das Walkie-talkie des

Kommissars Noël Guillot von der französischen Polizei, der mit seiner Mannschaft für meinen Personenschutz sorgt. Er verkündet meiner im oberen Stock ausharrenden Familie: »Es ist ein Mädchen, Sahwa ist auf der Welt.«

Arafat wird einige Augenblicke später von meinem Bruder Gaby unterrichtet. Seine ersten Worte lauten: »Möge Gott sie behüten«, worauf er sein Kommen nach Paris ankündigt. Die Sträuße, die aus aller Welt eingetroffenen Blumengebinde von Unbekannten, Freunden oder Staatschefs häufen sich im Flur der Krankenhausstation. Sie begrüßen die Ankunft von Sahwa Arafat, einem Banner, einem Symbol jener Rolle, die wir Frauen im Palästina von morgen werden spielen müssen. Auch Arafat hat diese Botschaft Sahwas vernommen, die Erinnerung an den hartnäckigen Kampf unserer Mütter, unserer Schwestern, die für eine Zukunft der Freude und des Friedens gestillt, großgezogen, ernährt, gelitten und gerungen haben. Das Schicksal setzt von Geburt an seine Zeichen. Wie aber soll man sie deuten? Sahwa wird am 24. Juli 1995 um 19.42 Uhr geboren, wenige Stunden nur vor einem blutigen Anschlag nahe Tel Aviv auf einen Bus: einem Attentat, in dem ihr Vater einen weiteren Sabotageakt gegen den Friedensprozeß sehen und das er scharf verurteilen wird. Und noch ein zweites Mal schlägt das Schicksal durch einen blutigen Anschlag in der Pariser Metro zu, in der Stadt also, in der ihre Mutter fernab der Raserei des Nahen Ostens doch Stille und Ruhe zu finden gehofft hatte. Dieses Kind ist gleichwohl eine Verkörperung des Friedens und der Hoffnung. Dieses kleine zarte Mädchen von zweieinhalb Kilogramm, wie sein Vater unter dem Sternzeichen des Löwen geboren, wird den schweren Weg selbst entdecken müssen, der zu jenem wirklichen Frieden führt, nach dem sich die Israelis und Palästinenser in der Mehrheit sehnen. Über seine Wiege haben sich seine Großmutter, sein Onkel, seine Tanten, sein Großonkel gebeugt, aus allen Ekken des Kontinents gekommene, über den gesamten Nahen Osten, über Europa und die Vereinigten Staaten von Amerika verstreute Palästinenser.

Meine kleine Sahwa an mich drückend, treffe ich nach einem kurzen Aufenthalt in Washington, wo am 28. September die Unterzeichnung der letzten israelisch-palästinensischen Übereinkommen stattfand, wieder in Gaza ein. Im Angesicht des Meeres blicke ich hinauf zum Himmel: »Palästina, Land der Wunder, erhebe dich, es ist Zeit zu zeigen, daß du mit uns bist.«

Die Palästinenser haben sich feierlich zu der Entscheidung, die unseren Herzen und unserem Verstand schwerfällt, bekannt, in die Aufteilung eines Landes einzuwilligen. Was wird aus unseren Erinnerungen an Jaffa und Akko werden, die für lange Zeit noch im Gedächtnis gegenwärtig bleiben und die wir an unsere Kinder weitergeben werden? Aus den Gärten Jaffas, den Wehrmauern von Akko, zu denen unsere Phantasie, von den Schilderungen der Kindheit unserer Eltern beflügelt, einst enteilte . . .? Es kommen mir die Worte in den Sinn, die Arafat an jenem 12. Juli 1994, als wir in Gaza eingezogen sind, zu mir gesagt hat: »Siehst du, Sussu, für mich ist dies heute das erste Mal, daß das Meer nicht Exil bedeutet.«

Register